LIBRI DI LAURA (L.A.)MARIANI

Italiano

Le Nove Vite di Gabrielle Serie

Dal Diario di Gabrielle (prequela)

Un'Avventura NewYorkese

All Ricerca di Goren

Assaporando La Libertà

Paris Toujours Paris

Io Me Stessa E Noi

Libertà Su Di Me

Londra Chiama

Di Nuovo Nelle Tue Braccia

Il Più Grande Amore

Il Suo Piccolo Segreto (spin off)

Box Set

Le Nove Vite di Gabrielle - Libri 1-9 + 3 BONUS

Le Nove Vite di Gabrielle - Edizione Deluxe (Libri 1-9+ 3 BONUS+Spin Off

Inglese

Untamed Hearts

The BAD Boy

The BAD Girl

Holiday Romance

14 Days to Love Series: Short Sweet Steamy

Parisian Serendipity

Venetian Whispers

Mumbay Surprise

Romeo in Rome

New York Melody

Artic Embrace

Santorini Sunsets

Havana Heat

Barcelona Dreams

Marrakesh Magic

Vienna Waltz

Sydney Sparks

Amsterdam Affair

Cape Town Safari

Box Set

14 Days to Love: Short Sweet Steamy

Twelve Days of Christmas Series

A Partridge in a Pear Tree: Hot Spicy Christmas Novella

Two Turtle Doves: Hot Spicy Christmas Novella

Three French Hens: Hot Spicy Christmas Novella

Four Calling Birds: Hot Spicy Christmas Novella

Five Golden Rings: Hot Spicy Christmas Novella

Six Geese a-Laying: Hot Spicy Christmas Novella

Seven Swans a-Swimming: Hot Spicy Christmas Novella

Eight Maids a-Milking: Hot Spicy Christmas Novella

Nine Ladies Dancing: Hot Spicy Christmas Novella

Ten Lords a-Leaping: Hot Spicy Christmas Novella

Eleven Pipers Piping: Hot Spicy Christmas Novella

Twelve Drummers Drumming: Hot Spicy Christmas Novella

Box Set

Twelve Days of Christmas

Shadowbrook Paranormal Series

A Halloween Romance: Enchanted in Shadowbrook

The Midnight Hour: A Halloween Shadowbrook Romance

Angels & Demons Series

The Fallen Angel

The Hot Ghost

The Bad Saint

The Fallen Hero

The Hot Priest

The Bad Santa

Box Set

Angels & Demons

Navy Seals Hunks Series

SEALed Hearts

SEALed with a Kiss

SEALed Undercover

SEALed Pursuit

SEALed Love Code

SEALed beyond Duty

Box Set

Navy SEAL Hunks

A Royal Romance Trilogy

A Coronation Weekend Romance

The Wicked Princess

The Lost Kingdom

Box Set

A Royal Romance Trilogy

The Nine Lives of Gabrielle Series

Gabrielle (prequel / first in series)

Her Little Secret (spin off)

For Three She Plays

A New York Adventure

Searching for Goren

Tasting Freedom

For Three She Strays

Paris Toujours Paris

Me Myself and Us

Freedom Over Me

For Three She Stays

London Calling

Back in Your Arms

The Greatest Love

Box Sets

For Three She Plays - Book 1-3

For Three She Strays - Book 4-6

For Three She Stays - Book 7-9

The Nine Lives of Gabrielle Book 1-9 + 3 Bonus stories

LE NOVE VITE DI GABRIELLE

EDIZIONE DELUXE

LAURA (L.A.) MARIANI

THE
PEOPLE
ALCHEMIST

ISBN: 978-1-917104-34-0

INDICE

LE NOVE VITE DI GABRIELLE

PREFAZIONE

Le nove vite di Gabrielle è una storia d'amore travolgente e un viaggio alla scoperta di sé tra tre delle città più belle del mondo: Londra, New York e Parigi.

Come le nove vite dei gatti, Gabrielle prima gioca, poi si allontana e infine vuole restare.

Ma il corso del vero amore è sempre semplice?

A volte no, e quindi potresti aver bisogno di altre vite, giusto?

Questo è esattamente quello che è successo a me quando ho iniziato a scrivere Gabrielle; la storia continuava a rivelarsi, con sempre di più da raccontare. E così ho continuato.

Ed eccolo qui, un romanzo sulla vita di città contemporanea che vi farà ridere in po' (a meno che non abbiate il senso dell'umorismo ;-)), riflettere, sussultare e forse versare qualche lacrima mentre scoprite emozioni nella Grande Mela, sogni a Parigi e nostalgia per Londra.

E poi ho continuato ancora con lo spin off (Beh, Paola e Martin meritavano di più di qualche menzione qua e là).

Spero che vi divertirete a leggere queste avventure tanto quanto a me è piaciuto scriverle.

Laura xxx

PROLOGO

I l tempo scorre senza sosta. Tempo passato, tempo presente, tempo futuro.

Ma questo fondamentale saliente della realtà fisica non è quello che sembra: è un'illusione ottica.

Quello che i fisici ci dicono è che le cose, nel mondo quantistico, non accadono linearmente. Succedono ora. Ma sei solo consapevole della realtà che scegli di osservare.

La coscienza stessa crea il mondo materiale. Lo scorrere lineare del tempo in netto contrasto con l'apparentemente casuale attraversamento del tempo nella nostra coscienza.

Un flusso costante di coscienza.

· · ·

Tutto è ADESSO - il flusso costante connesso da una certa forza all'interno di ogni persona. E i ricordi forniscono una connessione costante con eventi, luoghi e persone.

Ci sono infinite possibilità che il mondo può offrire in ogni momento.

E proprio così, un giorno, tutto può cambiare...

"SEI QUI SOLO ORA;
SEI VIVO SOLO IN QUESTO MOMENTO"
- JON KABAT-ZINN

DAL DIARIO DI GABRIELLE

PREQUELA

La tua vita può cambiare in qualsiasi momento. Devi solo decidere chi vuoi essere, cosa vuoi fare o avere. E proprio così, tutto cambia...

"Ho sbattuto gli occhi e
in un instante
sono passati decenni."
— John Mark Green

"Il piccolo villaggio la faceva sentire ancora più piccola, la spiaggia e la costa l'unico sollievo. Ah, le piaceva stare vicino al mare…"

G abrielle si svegliò, il video che aveva ascoltato durante la notte era ancora attivo sul suo iPad.

"*Sono una Dea, sono una Regina... sono stimata... se lo voglio, l'ho posso avere.*"

La pioggia cadeva fitta e veloce. Potresti sentirne l'odore nell'aria. Caspita però che rumore: il tuono, la pioggia ... Era così buio, l'inverno sta decisamente arrivando.

"Che giorno è?" Tutti i giorni sembrano uguali al momento. Nessun posto dove andare, niente da fare, nessuno da vedere. Eh si, è sabato. Che importa? Fa davvero differenza?

"Mantenere una routine mi dà una parvenza di normalità, per me stessa più di tutto. Migliorare me stessa per me stessa, l'auto-disciplina è l'amor proprio qualcuno ha detto."

Sì, ma a volte è una tale seccatura...

Ascoltare affermazioni durante la notte in un loop era una cosa a cui si era dovuta abituare: continuava a svegliarla durante la notte - forse era il bagliore dello schermo o forse la resistenza del suo subconscio. Comunque, alla fine si è abituata e ora poteva dormire tutta la notte.

"Questa volta per me sta funzionando... ricalibrare e rico-struire i pensieri."

Gabrielle pensò come tutto fosse cambiato un giorno, proprio così, dal niente.

È incredibile come la vita possa cambiare in un secondo.

Incontrollabilmente. Tutte le cose che avresti sempre voluto fare in pausa. Fino a quando qualcun altro decide di premere di nuovo il pulsante e ricominciare di nuovo.

È più facile pensare in questa maniera in qualche modo: una forza esterna che controlla la tua vita, che ti impedisce di raggiungere tutte le cose che hai sempre voluto fare, e l'essere umano straordinario che hai sempre creduto saresti stato. Comico.

Domani, desiderando sempre il domani, mentre tutto in te dovrebbe rifiutarlo. Improvvisamente, non c'era quasi più un domani.

Ad essere onesti, le piaceva stare da sola. Era sempre stata una solitaria: da bambina persa nei suoi libri, da adulta seguendo la prossima vittoria nella scalata senza fine. Aveva cancellato molti eventi prima all'ultimo minuto, appuntamenti romantici e incontri con gli amici. C'era sempre il domani. C'era sempre qualcosa di più importante da fare.

Le gente era stupita dalla sua apparente incrollabile sicurezza, dalla sua forza, e la guardavano come una sorta di Wonder Woman.

"Specchio, specchio delle mie brame, chi è la più bella del reame?"

A volte non si sentiva molto bene con se stessa e fingere era semplicemente troppo faticoso. Era estenuante, drenante.

· · ·

Ora, non c'è bisogno di inventare scuse.

Il lockdown le aveva fatto bene, un po' di tempo per concentrarsi su se stessa con poca distrazione. Scoprire chi Gabrielle è o vuole essere. Arrivare ad apprezzare questa Gabrielle, forse anche amare. E migliorare.

Guardò fuori dalla finestra, Canonbury Square Gardens; la pioggia scendeva incessantemente.

"Amo questa zona di Londra, George Orwell ha vissuto in questa piazza da qualche parte, credo," molte figure importanti del mondo artistico e letterario sono vissute nella piazza. Questo era stato parte dell'attrazione quando si era trasferita tre anni fa, l'ultima mossa nella scalata sociale - la residenza georgiana tutelata.

I posti a sedere all'aperto sono incisi con i nomi delle persone che sono vissuti intorno alla piazza. Un segno fisico o ricordi sempre presenti.

IN MEMORIA DI EDDIE E MABEL WALTERS
CHE VIVEVANO A CANONBURY SQUARE

In un *normale* sabato sarebbe andata a visitare la galleria Estorick e ammirare l'ultima mostra, perdendosi nell'ambiente, deliziando i suoi occhi e nutrendo la sua anima.

Magari anche prendere un caffè nei giardini della piazza; ci sono sempre persone lì.

I volontari Amici di Canonbury Square fanno un ottimo lavoro e mantengono i giardini così puliti, così ordinati.

"Che ore sono? Sicuramente l'ora per un caffè. Il caffè serve per meditare."

. . .

Gabrielle amava l'odore del caffè che, lentamente ma inesorabilmente, permeava la casa come un'onda sinuosa che si propaga ovunque con un effetto a catena. Prima di tutto però Gabrielle fece il letto: aveva letto da qualche parte che tutte le persone di successo lo fanno, il primo compito della giornata. Molto più facile non farlo, ma lo aveva fatto comunque. Letto fatto. Caffè pronto.

"Ora è tempo per la meditazione."

Aveva già provato il silenzio completo, ma aveva scoperto che la meditazione guidata era in qualche modo più facile. Qualcuno, qualcosa per aiutare con i pensieri sempre erranti che le attraversano la mente. Ma ha trovato la meditazione con mantra anche più migliore. La ripetizione incessante delle stesse parole aveva un effetto rassicurante su di lei, calmante, quasi ipnotizzante. Qualcosa su cui concentrarsi per una decina di minuti.

"Sto facendo progressi con questi nastri" si rassicurò.

"Penso che accenderò una candela profumata per mettermi nell'umore giusto."

La luce tremolante nella stanza buia, i tuoni e il ticchettio della pioggia contro la finestra giocavano in sottofondo: si sedette a gambe incrociate.

"Dimmi ancora perché oh perché le persone si siedono a gambe incrociate per meditare?" Si chiese, parlando con se stessa.

Lei aveva sempre i crampi. E sempre nello stesso piede che poi diventa insensibile.

Lo ha fatto comunque. OK, andiamo...

· · ·

"Shreem Brzee, Shreem Brzee, Shreem, Brzee," il dottor Pillai stava salmodiando e Gabrielle ripeteva con lui. Ad alta voce.

"108 volte sono tante da ripetere ad alta voce."

Ferma. Metti a fuoco.

"Shreem Brzee, Shreem Brzee..." un sorseggio di caffè, "Shreem Brzee, Shreem Brzee..." la mente divaga, divaga. Boom.

Un fragore! Penso che i vicini stiano uscendo per la loro passeggiata quotidiana, la loro porta rumorosa come loro.

"Shreem Brzee, Shreem Brzee"... La mia camminata quotidiana è fuori questione per ora.

Gabrielle aveva trovato tranquillità nelle lunghe passeggiate - non una sorpresa perché le era sempre piaciuto molto camminare. La pandemia aveva dato a Gabrielle un nuovo, più approfondito apprezzamento di essere fuori all'aria aperta, da sola, piena di gratitudine per la vita. Apprezzare tutto ciò che era così fortunata di poter fare esperienza.

Tuttavia, c'era un limite: per quanto amasse camminare all'aria aperta, non le piaceva molto bagnarsi. Ai giocatori di golf non sembra che gli dispiaccia se piove.

"Io non sono una di quelli" pensava Gabrielle "mi piace stare vicino all'acqua, non inzupparmi."

Lei aveva sempre amato l'odore dell'acqua, le dava un senso di pace e tranquillità. Era cresciuta vicino al mare.

Il canale di Angel era un luogo ideale per lunghe passeggiate, pensava. Il sole che fa capolino tra le nuvole, l'acqua che si muove con la brezza che brilla come una danza.

"Shreem Brzee ... Shreem Brzee."

Di solito, durante il fine settimana c'e sempre trambusto, pieno di professionisti cittadini che sorseggiano il loro latte senza lattosio mentre inviano l'ultima email prima di godersi il fine settimana.

Non adesso.

Ora aveva il canale quasi tutto per sé. Era strano. L'acqua che si muove, in modo costante e continuo, facendo dondolare le barche come una ninna nanna, il sole ne cattura i movimenti.

"Non è meraviglioso?"

Le barche sembrano irrequiete e anche lei.

C-O-N-C-E-N-T-R-A-T-I.

"Shreem Brzee, Shreem Brzee ... Shreem Brzee."

"Quanto tempo manca adesso", Gabrielle si chiedeva sbirciando al video con la meditazione sul YouTube, "ancora qualche minuto. Non si era mai resa conto quanto lunghi dieci minuti possono essere."

Concentrati Gabri.

. . .

"Shreem Brzee ... Shreem Brzee",107, "Shreem Brzee."
Namaste, meditazione finita.

Dannazione, il caffè è freddo adesso. Ne farò un altro prima di cominciare con le mie pagine mattutine. Gabrielle aveva iniziato a scrivere un diario e il freewriting all'inizio del primo lockdown. Un' effusione di coscienza non controllata sulle pagine, confessioni incontrollate o meglio ancora, terapia, ma gratis. Julia dice che dovrebbe essere fatte per prima cosa al mattino , senza mancare, prima che la mente cosciente prenda il sopravvento, per almeno tre pagine.

Alcuni giorni, era già abbastanza difficile scriverne anche una. Alcuni giorni, Gabrielle poteva scrivere per ore. Non era mai stata una che teneva un diario. Ma con questo, aveva imparato a divertirsi e, alla fine, ci era rimasta fedele. È incredibile quello che viene fuori quando inizi a scrivere.

A MANO.

Il movimento della penna lungo la carta, che accompagna il flusso libero di pensieri senza censure è di per sé una terapia. Non era più abituata a scrivere a mano, la sua calligrafia a volte era illeggibile. Diamine, anche la grammatica non era un gran che , non c'è correzione automatica quando scrivi a mano. Ma questo è lo scopo delle pagine del mattino: liberare la mente dall'onnipresente Critico Interiore e lasciarla fluire. Il futuro diventa presente, diventa passato e diventa presente.

· · ·

"Chi scrive più a mano?" pensava tenendo la tazza calda e fumante nelle mani.

Gabrielle si sedette nella piccola nicchia vicino alla finestra per guardare la pioggia che cadeva, il caffè fresco sul tavolino laterale, il taccuino in grembo e iniziò a scrivere.

"CARO DIARIO,"
 perché oh perché ho scritto così? Le sembrava di essere di nuovo un' adolescente, peggio ancora di essere tornata a scuola. Che schifo, non avrebbe potuto scegliere un momento peggiore per tornare. Per fortuna, la maggioranza era una sfocatura: una sfocatura intenzionale, una porta chiusa dietro, da non riaprire più.

Perché sta venendo fuori ora? Vai via. VAI VIA.

Ma la penna continuava a muoversi, risoluta... E così Gabrielle continuava a scrivere...

Perché le ragazze sono sempre così cattive? Con altre ragazze intendo.

"Gabri, perché non vai là con le altre compagne?" la maestra cercava di spingerla via mentre parlava con la *maman*.
 "Gabrielle non socializza molto bene signora Arkin. Non mi fraintendete, i suoi voti sono davvero buoni, sono le interazioni sociali che mancano."

· · ·

Meschine, meschine, meschine. La scuola secondaria - un'assemblea casuale di esseri umani con ormoni rampanti che cercano di affermare la propria identità - è una ricetta per il disastro. Dammi un libro e dei pennelli in qualsiasi momento, battono le persone 100 a 1.

Uhh. Scuola media e vivere in un piccolo villaggio. Il villaggio per eccellenza con i mille Hyacinths Bucket, pardon Bouquet.

Una combinazione letale.

DAI VILLAGGI NON ESCE NIENTE DI BUONO,
È SEMPRE LA STESSA COSA:
"RICATTO, DEVIANZA SESSUALE, SUICIDIO E OMICIDIO" -
ISPETTORE BARNABY.

"Gabri, perché ti sei vestita così? Gabri, cosa penserebbe la signora Tal dei Tali,
     Gabri, non puoi farlo, Gabri, stai ascoltando?"

"Bisogna apparire al meglio Gabri, meglio essere invidiati che compatiti."

Ci deve essere di più nella vita di questo. Gabrielle voleva dimostrare a tutti.

· · ·

"Sono forte, sono intelligente, non ho bisogno di nessuno e posso fare qualsiasi cosa che desidero. Glielo farò vedere", continuava a ripetersi.

Il villaggio delle dimensioni di un francobollo l'aveva fatta sentire ancora più piccola, la spiaggia e la costa l'unico sollievo. Ah, le era sempre piaciuto stare in riva al mare, poteva stare seduta a riflettere per ore.

Così libero, così calmo, maestoso e devastantemente forte. Pieno di tesori nascosti.

E lei voleva essere come l'oceano. Libero e maestoso, forte.
Libera. Avere un carriera. Forte. La carriera era sempre stata qualcosa a cui aveva aspirato, essere al top, non importa di cosa, non importa dove, essere la migliore. Naturalmente, ricca e di successo.

Aveva sempre saputo che, un giorno, lo sarebbe stata.

Gabrielle aveva sempre voluto scappare il più presto possibile. Aveva sempre saputo che voleva andarsene. La fuga da Alcatraz, o almeno è così che ci si era sempre sentita.

E lei lo fece.

"Gabri, rimarrai da sola a Londra. Cosa succede se sei malata? E se non trovi un lavoro?" sua madre stava avendo un attacco.

"Sopravviverò mamma."

"Puoi sempre tornare a casa, lo sai."
Era determinata a non farlo. Il fallimento non è mai stato un'opzione.

Mentre saliva sul treno per Londra con tutte le sue cose stipate in un paio di valigie, sapeva che era la decisione giusta. I suoi genitori erano venuti a salutarla, sua madre piangeva, ovviamente.
Il capotreno fischiò, era ora di andare.
Un ultimo abbraccio.

Il treno iniziò a muoversi sempre più veloce, sempre più veloce. Il villaggio svanendo rapidamente dietro di lei, Gabrielle sentì le sue catene invisibili allentarsi. Lentamente. Si sentiva più leggera. Il suo naso era premuto contro la finestra fredda, immergendosi in ogni piccolo dettaglio delle nuove posti.

Arrivare a Londra è stato come rimuovere una pelle troppo aderente. Proprio così, tutto era cambiato: ora ne indossava una nuova.

Qui, a nessuno importa davvero o sa chi sei e cosa fai. Fa parte del suo fascino: la bellezza di vivere in totale solitudine e anonimato tra milioni di persone.

Poche ore di viaggio ma un milione di miglia di distanza.

· · ·

"Che strano" lei pensò.

"Victoria Station" annunciò il capotreno.

Gabrielle guardò le sue cose: aveva portato un bagaglio leggero e minimale per ricominciare da capo. Il bagaglio più pesante non le era ancora evidente.

Scese sulla piattaforma, con i piedi ben saldi per terra.

Il tetto principale della stazione di Victoria luccicava al sole dell'ora di pranzo, i suoi pendii coprivano un'area equivalente a tre campi da calcio. Era l'una e la stazione era gremita di gente che si muoveva zigzagando.

"Ehi, signora, guardi dove sta andando!"

"Scusi" lei rispose. Gabrielle si unì alla lunga fila nella rastrelliera dei taxi neri fuori dalla stazione.

" 'Giorno."

"Camden Passage, Islington, per favore," disse Gabrielle al tassista.

Eccoci, andiamo.

Il suo primo appartamento bijoux a Londra, linguaggio degli agenti immobiliari per un monolocale dove non puoi nemmeno far oscillare un gatto. Lei lo amava. Era appena sopra Decadent Vintage, uno dei tanti negozi del Camden Passage.

Lì aveva comprato la sua prima borsa vintage Dior.

Nei primi mesi in cui si era trasferita, rimaneva seduta per ore vicino alla finestra a guardare il mondo passare: i cacciatori di occasioni del fine settimana, il mercato dell'antiquariato, il trambusto di ristoranti, caffè e bancarelle. L'estranea che guardava dentro.

Le piaceva curiosare tra l'abbigliamento contemporaneo alla moda, i gioielli di design moderno, le stampe d'arte giapponesi, insieme a oggetti d'antiquariato specializzati, articoli in argento e abiti vintage. I negozi retrò facevano da sfondo alle bancarelle del mercato con oggetti da collezione a prezzi accessibili, vestiti vintage e oggetti d'arte che trovano la loro strada nei negozi di antiquariato e nelle case di tutto il mondo.

Cosa non è da amare?

Le piaceva persino il rumore che usciva tutti i giorni dal Camden Head pub e dal suo Comedy club gratuito, sette sere a settimana.

Gabrielle piace fare dello shopping lì anche adesso occasionalmente: qualche formaggio artigianale britannico e internazionale dal Pistachio & Pickle Dairy e i cioccolatini artigianali da Paul A. Young.

"Chi sa quando riapriranno i negozi," pensava Gabrielle.

"Era quasi da ridere, aveva portato in giro con se il 'villaggio' di vecchie strutture per gli ultimi vent'anni. Regole, convinzioni, modo di vedere e di fare le cose nel modo giusto."

. . .

Infrangere barriere invisibili nella carriera, come il cosiddetto soffitto di cristallo, era stato in realtà più facile che infrangere le proprie: quel soffitto invisibile nella sua testa, il set-point interno che le ricorda qual era il "suo posto."

Successo, denaro, reddito, tutto è un riflesso simbolico delle convinzioni sul proprio valore di mercato personale e professionale. E in che classe socioeconomica ti trovi. O cerchi di entrare.

Shopping, sì anche lo shopping...

La prima volta che Gabrielle aveva portato a casa una borsa Chanel nuova di zecca era stato come portare a casa un neonato, il frutto del tuo duro lavoro e del tuo amore .

Entrare nella boutique Chanel in New Bond Street era stato come un sogno: l'ambiente lussuoso e incontaminato, l'odore sofisticato, le collaboratrici di vendita una versione populista dei manichini Chanel.

Non posso credere che le borse abbiano un profumo. Ma lo hanno. Ricordo ancora il sottile inconfondibile odore della pelle di vitello quando il socio aprì LA scatola di una nuovissima 11.12; la doppia chiusura, l'intreccio di catena di metallo e pelle, la trapuntatura a rombi, la morbidezza e allo stesso tempo la robustezza della pelle. Rappresentava molto più di una borsa. Guardami, guarda cosa sono diventata.

. . .

"Prendo questa", aveva detto, consegnando la sua carta di credito. L'aveva fatto senza chiedere il prezzo. Gabrielle era uscita dalla boutique con i piedi che toccavano a malapena il suolo, quasi saltellando. L'euforia di quell'acquisto era come una droga potente, lo sballo prepotentemente seducente.

Ma con ogni alto c'è un basso, e la necessità di un'altro compenso.

"Dio, ne ho avuti qualcuno". Compensi. Chanel, LVs, Prada, Louboutins. Ogni volta lo sballo era più basso, e ogni volta l'effetto era più breve.

E ora gli acquisti erano tutti seduti in belle scatole nell'armadio.

Era stato un periodo di semplicità forzata; si potrebbe dire che il Covid-19 ha insegnato a tutti a sdrammatizzare e a riconnettersi con le cose che contano davvero. Chi avrebbe mai pensato che non avessimo bisogno di comprare così tante borse o scarpe?! Vai a capire!

Non hai bisogno di così tanto quando sei seduta in pigiama durante le chiamate Zoom. Devi solo ricordarti di non alzarti dalla sedia troppo frettolosamente quando la fotocamera è accesa.

NOTA PER SE STESSI: LA FOTOCAMERA È ACCESA,

MUTANDE IN VISTA È UN NO NO

. . .

Proprio così, tutto era cambiato. Tutto ciò che era così importante, non più così importante. Lo era mai stato?

Simboli, valore, sopravvivenza: sentimenti che alimentano azioni.

Il Milionario Operaio aveva lavorato molto duramente per i suoi soldi. Lei intuiva che quando lui aveva iniziato a guadagnare più di quella che pensava di valere, doveva lavorare di più per compensare. Ore più lunghe. O in qualche modo sacrificare di più per farlo sembrare giusto.

Quella fu una delle prime cose che le disse quando si incontrarono per la prima volta.
"Lui è un M-i-l-i-o-n-a-r-i-o" disse con la sua bocca piena.

Quanti soldi guadagna, quanto costava tutto ciò che aveva. Ciò aveva imbarazzato Gabrielle, così *déclassé*.

Lui cercava costantemente di superare il padre, un immigrato della classe operaia che aveva fatto fortuna in Inghilterra nel dopoguerra. Ma non credeva però che poteva.
All'epoca Gabrielle non aveva mai potuto capire come un investitore finanziario potesse avere una tale avversione per il denaro e essere ricco.

. . .

Non si era mai adattato del tutto al suo nuovo habitat.

Il concerto era appena finito e il foyer era in fermento, tutti parlavano della prestazione eccezionale.

Gabrielle si sentiva ancora euforica per questo. La Nona Sinfonia di Beethoven aveva questo effetto su di lei, elevava il suo spirito e la sua anima.

Lei ammirava l'incredibile abilità artistica dell'orchestra, ma soprattutto era inondata di emozioni. Non era una cosa usuale per lei, provare emozioni, la passione richiede vulnerabilità e non possiamo mostrare debolezza, vero?

"Allora cosa ne pensi? Ti è piaciuto?" chiese Gabrielle al Milionario Operaio.

"Preferirei farmi graffiare gli occhi con un ago."

"Scusa?" Gabrielle girò leggermente la testa.

"Non sono cresciuto ascoltando questa musica, non fa niente per me. È musica per femminucce."

"Non molte persone crescono ascoltando Beethoven o musica classica quotidianamente. Tuttavia, non si può negare che sia magnifica. Tanto più che Beethoven era sordo quando compose la sinfonia."

"Ora capisco, sembrava proprio così."
Gabrielle poteva quasi udirlo come se fosse adesso, era serio?

La folla procedeva lentamente verso l'uscita del Barbican Centre, spingendoli in fretta lungo Silk Street.

Mentre camminavano mano nella mano non avrebbero potuto essere più lontani. Gabrielle per una volta era stata felice di essere in mezzo a così tante persone.

Per quanto Gabrielle volesse lasciarsi alle spalle il passato una volta per tutte, lui si aggrappava a esso portandolo ovunque andasse. Dove e come era cresciuto lo marcava, definiva come un segno indelebile.

Gabrielle cercava sempre di migliorare e, per lei, quell'atteggiamento era inconcepibile.

Non riusciva a capire come uno volesse rimanere una falena invece di diventare una farfalla.

Gabrielle era arrivata al top della sua carriera e si stava godendo ogni minuto. Il signor Milionario Operaio doveva andarsene.

· · ·

Lo Stallone era alto, muscoloso, con occhi verde intenso e labbra voluttuose che sapeva usare perfettamente: la scintilla tra loro è stata istantanea, dal momento in cui si erano incontrati. Il modo in cui la guardava la faceva sentire la donna più bella e desiderata del mondo. Il fatto che lui fosse diversi anni più giovane di lei rendeva tutto ancora più eccitante, come gli uomini al potere con i più giovani trofei al seguito. Tranne che questa volta, lei era quella in potere e l'uomo era il trofeo.

Dio, il sesso era fantastico. Mi chiedo perché ci ho pensato ora. "Deve essere la pioggia, mi mette sempre nell'umore giusto."

Il brivido unito alla convalida era stato un potente afrodisiaco: il dolce accarezzare dell'ego tra il dolce accarezzare dei capezzoli.

In quanto introversa, Gabrielle era generalmente felice da sola ma la pandemia le aveva fatto sentire la mancanza di fare cose con altre persone (scioccante). Una di queste cose era sicuramente fare sesso. Masturbarsi soddisfa solo per un po'...

La loro prima volta era stata in una stanza d'albergo durante una conferenza aziendale. Il nascondersi, incontrarsi furtivamente aumentava il brivido. La loro relazione professionale pubblica lasciava il posto a una relazione eccitante e appassionata in privato. Sesso segreto, incontri segreti, una relazione nascosta al mondo.

E all'inizio era divertente, eccitante ma dopo un po' era diventata noiosa; Gabrielle voleva una relazione vera - chi vuole trascorrere ogni fine settimana da solo?

"Avrei dovuto saperlo, c'erano tutti i segni e li ho ignorati."

Qualcosa succedeva sempre durante il fine settimana. Gabrielle lo affrontò una volta e gli chiese apertamente se avesse un'altra relazione.

"Come puoi dirlo?" disse lo Stallone, e poi iniziò a piangere. Sul serio?

Lui era un sopravvissuto dal cancro in remissione e diventava ansioso ogni volta che il suo check-up si avvicinava o che sua madre chiamava (suppongo adesso che quello sia quello che si ottiene quando esci con ragazzi invece di uomini). Per quanto grande o piccolo che fosse, nel fine settimana succedeva sempre qualcosa.

Bla bla... bla bla... bla bla bla.

"Dio, sembro una vera stronza adesso."

Il suo cancro era la sua coperta Linus. Gabrielle aveva pensato di lasciarlo così tante volte e ogni volta la storia strappacuori veniva fuori e così lei restava. Non voleva essere la stronza senza cuore che lo lasciava quando era giù di morale, depresso. Ma avrebbe dovuto.

NOTA PER SE STESSA: ASCOLTA SEMPRE L'ISTINTO

Sei mesi dopo che si erano finalmente lasciati, si era imbattuta in un sito web per la beneficenza ed eccolo lì: la foto di una coppia che aveva organizzato un evento per raccogliere fondi di grande successo: - Lo Stallone e la sua ragazza. Il problema era che quell'evento si era svolto quando loro erano ancora insieme.

. . .

"Noi eravamo insieme, non LORO."

Un affare mio culo! ERO IO L'ALTRA DONNA!
Essere in concorrenza con altre donne per i posti di lavoro era una cosa, ma questo, questo andava contro tutti i suoi principi.

Gabrielle si era sentita male, letteralmente NAUSEANTE.

Seduta nella sua vasca da bagno si lavò e lavò e lavò vigorosamente per ore e ore finché non si era sentita pulita e lontanamente meglio.

Era così arrabbiata che aveva anche sognato persino di ucciderlo nel modo più doloroso (appunto personale, trama per un libro?) e il più lentamente possibile (serie di libri?). All fine si era rassegnata a voler tagliargli solo il cazzo.
"Quasi accettabile," pensandoci.

"Immagino che un imbecille con il cancro sia ancora un imbecille."

Prese la sua tazza di caffè e si sedette lì, riposando la mano per un minuto. Gli uomini nella sua vita erano stati una proiezione dei suoi pensieri, convinzioni e percezioni interiori.
Quello che aveva sempre pensato fosse un gioco esteriore era in realtà molto più un gioco interiore. Questo non era mai stato così evidente come quando aveva incontrato Il QC.

· · ·

Gabrielle aveva passato la mattinata a esaminare l'Islington Farmer Market, in Chapel Market, alla ricerca di una varietà di prodotti freschi, prelibatezze locali e cibi biologici.

Poi guardare per un po' le vetrine di Little Paris per dare un'occhiata ad una gamma eclettica di vintage, curiosità, moda contemporanea e accessori per la casa provenienti direttamente dalla Francia. Era nervosa pensando a quella sera, per la prima volta dopo tanto tempo.

"Con questo qua potrebbe funzionare."

Aveva passato qualche bella ora con un pranzo a Salut, in Essex Road.

I residenti di Islington sono viziati dalla scena gastronomica locale, ci sono pochissime aree che offrono così tanti ristoranti e così tanti ottimi posti dove mangiare e Gabrielle amore per il cibo era sempre completamente assecondato.

Adorava la cucina in vista di Salut e guardare gli chef creare la magia: carne prodotta localmente, pesce proveniente da fonti sostenibili e verdure biologiche, il tutto mescolato con incredibile passione.

Il cibo era meraviglioso, le porzioni piccole ma valevano assolutamente la pena. L'atmosfera intima e amichevole.
Aveva scelto le capesante in padella con zampone di maiale e salsa alla mela verde.

Solo un antipasto.

Non voleva sentirsi troppo piena, o sembrare gonfia: il vestito che avrebbe indossato non era molto clemente.

"Il tempo sembra scorrere così lentamente oggi."

"Perché a volte i mesi passano come giorni e le ore sembrano mesi?"

Una lunga doccia per rinfrescarsi prima e poi si può iniziare a preparare. Erano le tre adesso e il suo appuntamento era alle sette.

"Dio, ancora quattro ore."

Aveva preso il suo tempo per prepararsi. Elegante, ma non troppo. Sexy, ma non troppo. Qualcosa adatto per aperitivi la domenica sera. Basta un tocco di rossetto rosso in un viso altrimenti quasi senza trucco per mostrare un po' di sforzo. Ma non troppo.

"Sono naturalmente così bella, vero?!"

Sono le cinque.
Molto tempo.
Sei in punto.
Spruzzo di profumo.
Sei e mezza.

Gabrielle stava per uscire di casa. Ma prima un'ultima occhiata allo specchio per controllare che tutto fosse come previsto. Il suo vestito nero senza maniche, appena sopra il ginocchio, rivelava abbastanza della sua figura snella ma sinuosa e le sue gambe lunghe e snelle. Gli stivali al ginocchio completavano perfettamente il look.

Fece un cenno con la mano verso un taxi nero che stava passando.

"Knightsbridge, The Mandarin Oriental, per favore", disse Gabrielle all'autista.

Quando arrivarono il portiere aprì la portiera del taxi.

"Il bar, per favore."

"La porta lì a sinistra, signora."

Signora??? Dio, sembravo vecchia per caso pensò Gabrielle? Non importa.

Il bar era scuro, suggestivo, un ambiente intimo, come se fosse stato appositamente allestito per appuntamenti romantici. Alcune coppie erano sedute qui e lì, godendosi drink e stuzzichini. Un uomo era seduto al bar, da solo. Girò la testa, come se sapesse che stava arrivando e poi sorrise, soddisfatto di ciò che vide.

E anche lei. Il QC era proprio come la sua foto. Autorevole, distinto e virile.

Si alzò in piedi e la salutò cordialmente (grazie a Dio era alto), un bacio su ciascuna guancia, "Hai un profumo incredibile" le disse mentre quasi la *respirava* .

Ordinò dello champagne. Bel gusto. Gabrielle amava le bollicine dello champagne. Quello costoso. Sceglieva di berlo spesso, non solo in occasioni speciali, un segnale per gli altri che tutta la sua vita è un'occasione speciale, come qualcuno a parte dalla folla.

• • •

Per un primo rendez-vous tutto sembrava andare sorprendentemente bene; la conversazione era fluida, flirt e battute con qualche tocco casuale qui e là.

Quando aveva visto per la prima volta il suo profilo sul sito Encounters Dating senza una foto, aveva avuto dubbi. Si ricorda però che neanche lei aveva messo su una foto, ma era diverso.

"Non voglio proprio che tutti conoscano la mia attività privata o essere riconosciuto," aveva detto, "sono un personaggio molto pubblico."

Si erano scambiati i numeri telefonici e foto rapidamente, poi lui le aveva rivelato il suo nome a cognome e il sito Web della sua Chamber in modo che lei potesse trovarlo su Google. Cosa facevamo prima di Google, solo Dio lo sa.

E lei lo aveva ricercato su Google di sicuro: divorziato tre volte, Silk nel 1999, infiniti casi storici vinti in tutto il mondo. Descritto come un genio.

Il famoso QC. Perfetto.

"Che cosa sta cercando romanticamente?" le chiese.

"Qualcuno intelligente con cui posso parlare di qualsiasi cosa. Qualcuno attraente e con questo intendo dire qualcuno a cui sono attratta. Qualcuno che ha la sua vita in ordine, non voglio un progetto di salvataggio. E qualcuno che ha le palle più grandi delle mie. Decisamente. Voglio essere la femmina nella relazione."

Gabrielle si era pentita di averlo detto appena lo disse .

Lui annuì e agitò il dito in aria: "Tic, tic, tic. Tre su quattro non sono male."

"Quali tre?" ed entrambi sorrisero.

"Mi piaci. Ho voglia di baciarti."

È arrossito a dirlo? Gabrielle lo guardò da vicino. Forse sono solo le luci nella stanza. No, stava decisamente arrossendo.

"Perché non lo fai?" Gabrielle aveva suggerito. Si chinò in avanti e la baciò dolcemente sulla guancia.

"Senti, non mi aspettavo che questo rendez-vous durasse molto a lungo. Per un primo appuntamento, di solito programmo mezz'ora o giù di lì. Sai, solo un primo drink intro-duttivo."

PROGRAMMA???

"Ma ora, io non voglio che finisca, mi sto divertendo troppo. Ho fame però. Volevo fermarmi a Waitrose, prendere un paio di bistecche e poi guardare Downton. Vuoi unirti a me? Mi piacerebbe."

Aspetta, il QC ha appena detto che guarda Downton Abbey?

"A casa tua, e cucini tu..."

"Sì," lui rispose.

"Sai cucinare? Voglio dire, c'è gente che ha mangiato il tuo cibo e sono ancora vivi? E ti parlano?"

"Sfacciata. Bistecca, insalata e un bicchiere di rosso. O due. Prometto che mi comporterò al meglio."

. . .

Gabrielle pensò a quanto fosse stata una decisione pazzesca, lo aveva appena incontrato, un perfetto sconosciuto, ma si era sentita al sicuro, totalmente a suo agio.

"Non posso credere di averlo fatto, l'irresponsabilità della giovinezza" rifletté. Oggi sarebbe inorridita se sua nipote facesse lo stesso.

Arrivarono a casa sua a South Kensington; in realtà palazzo è una descrizione molto più appropriata. Tutto era proprio come immaginava: una favolosa cucina Boffi a pianta aperta con piani di lavoro in quarzo, elettrodomestici Gaggenau e porte scorrevoli in vetro che conducono a uno spettacolo che si ferma a ovest, giardino esposto a ovest con acero giapponese, riscaldamento da esterno e sedute integrate, bagni in marmo, pavimento in legno, aria condizionata, smart TV integrate, tapparelle elettriche, riscaldamento a pavimento e sicurezza sistema.

"Sembro un agente immobiliare adesso. Che strano che me lo ricordi."

La serata trascorse troppo in fretta e, quando era ora di partire, le chiamò un taxi.

"Islington, per favore," e passò rapidamente del denaro all'autista, il perfetto gentiluomo vecchio stile "assicurati che torni a casa sana e salva."

"Sissignore."

. . .

"Mandami un SMS quando arrivi a casa." E lei lo mandò.

Il QC era assolutamente brillante e Gabrielle apprezza i lunghi dibattiti che avevano. Era orgogliosa che lui fosse a suo agio nel parlare dei suoi casi e che chiedeva la sua opinione. La faceva sentire davvero bene con se stessa.

Un uguale.

La sua mente era assolutamente ipnotizzante. Il suo ego, tuttavia, era gigantesco ed era inequivocabilmente egocentrico. Un uomo che viveva la vita con le sue regole circondato da persone che soddisfacevano ogni suo singolo capriccio.

Ma vivere così piaceva anche a Gabrielle. Era insopportabile. Soprattutto perché era come guardarsi allo specchio e non apprezzare quello che si vede.

Tra pochi giorni sarebbe partito per Hong Kong, un caso molto importante. Tutto quello che faceva era sempre *molto importante*.

"Vieni stasera, voglio vederti."

Stava andando per un paio di mesi e le sarebbe mancato.

Avrebbe potuto vestirsi facilmente e andare a passare del tempo con lui. Ma era pronta per la notte, e aveva tolto il make-up.

"È fottutamente incredibile," pensò, "come osa? Pensa che io non abbia impegni?"

Lei non andò. E così tutto cambiò.

Era l'inizio della fine. Tutto ciò che avrebbe potuto essere e non è mai stato.

Guardarsi allo specchio e apprezzare quello che sei è molto più difficile di quanto si pensi. Guardarsi allo specchio e amare ciò che si vede ancora di più. La perfezione è così difficile da raggiungere e cercare di essere sempre perfetti è estenuante.

Sforzarsi sempre, non arrivare mai. Come il Socialista Champagne: classe operaia, super dotato, borsa di studio per Eton, Vicepresidente in una delle 4 grandi società di consulenza ma ancora affetto dalla sindrome dell'impostore.

Gabrielle aveva incontrato Paola, la sua amica italiana, per far pranzo a Trullo, un delizioso ristorantino appena dietro Highbury Corner, in St. Paul's Road.

Cibo, vino, attenzione ai dettagli - Trullo è un ristorante italiano di quartiere che serve cibo semplice e conveniente sullo stile River Café, ma a una frazione del prezzo, una trattoria contemporanea a due piani con una reputazione per pasta fresca, grigliata al carbone e deliziose crostate. Se non fosse per gli autobus londinesi e il traffico fuori, potresti anche pensare di essere in una trattoria in Italia.

Entrambe adoravano i suoi grandi sapori audaci da ottimi ingredienti presentati in modo semplice e non pretenzioso.

. . .

"L'ora di pranzo è più tranquilla di solito" disse Paola, guardandosi intorno perplessa.

"Cacchio, scusa, mi sono dimenticata: L'Arsenal gioca a casa questa settimana e di sicuro questi sono i suoi tifosi, tipi di città socialista-champagne, che vengono prima the partita. "Come sei? Socialisti dello champ - agne? PS: uno di loro ti sta guardando. Non voltarti, sta venendo oltre."

Immagino che ragazzo incontra ragazza incontra ragazzo non sia molto diverso a venti, trenta o quarant'anni. E così lui era venuto oltre, il signor Socialista Champagne. Carino.

Il Socialista Champagne andava a trascorrere il Natale con Gabrielle e la sua famiglia. A lei piaceva davvero che fosse orientato alla famiglia, e andava molto d'accordo con sua madre, il che era un vantaggio decisivo.

La vigilia di Natale avevano pranzato con i suoi figli nel suo ristorante preferito, Le Boudin Blanc; un ristorante francese situato a pochi passi dalla stazione della metropolitana di Green Park e dalla strada principale, un grande affare di famiglia.

L'odore di pancetta e uova si diffondeva nell'aria. Gabrielle inalò l'aroma.
"I vicini stanno facendo colazione," pensò. Bevve un sorso del suo caffè ormai tiepido.
Cibo, tanti ricordi legati al cibo.
"Mi manca mangiare fuori."

. . .

Il Socialista Champagne era lui stesso un buongustaio, solo i migliori ristoranti, e se erano stellati Michelin anche meglio.

Eravamo stati a Le Boudin Blanc diverse volte prima, a pranzo, a cena, dopo un drink, ecc... e l'adoravo ogni volta (e le porzioni estremamente generose).

Non appena ti avventuri lungo Trebeck Street, sei trasportato in affascinanti e pittoreschi vicoli - un'oasi di calma in mezzo al trambusto della vita cittadina, dove i pranzi di lavoro sono di rigore insieme ad alcune persone che guardano - parlando letteralmente - se ti siedi fuori su il pavimento.

Guardare il mondo che passa con buon cibo e vino è uno dei migliori passatempi. "Dio, mi manca mangiare fuori."

"Pour moi, Moules marinières à la crème et Confit de joues de porc, Jésus de Morteau, poitrine de porc fumée et cassoulet de haricots coco si vous plait," Gabrielle Gabrielle al cameriere, ovviamente in francese.

Il pranzo andò benissimo, il servizio era eccellente con un tempismo perfetto sia per servire / sgombrare il tavolo che per prestare sufficiente attenzione ai commensali, ma non troppo che diventava invadente.

La serata era stata altrettanto gloriosa: canti natalizi a lume di candela alla Royal Albert Hall seguiti dalla messa di mezzanotte, una tradizione natalizia per Gabrielle e sua madre.

Il Socialista Champagne si era adattato così bene.

NOTA PER TE STESSA:
RICORDATI DI VERIFICARE SE QUALCHE
RESTRIZIONI VERRANNO REVOCATE PER QUESTO NATALE.

Si erano scambiati i regali a mezzanotte. Gabrielle aveva aperto il suo regalo da SC: un grosso bracciale vintage in argento con vetro di Murano. Una creazione stravagante destinata ad apparire bohémien e artigiana, nonostante fosse ovviamente costosa.

Tutto quello che lui indossava era griffato, il tipo di vestiti che non hanno etichetta, semplici ma per comprarli devi ipotecare una casa. E lui comprava all'ingrosso.

Ovviamente così lui. Ovviamente non Gabrielle. Affatto. Ricordava di aver visto quel braccialetto quando avevano curiosato nei negozi di Covent Garden in cerca di regali per sua figlia e la sua sorella stupidina.

"Non ti piace, vero?" sussurrò la mamma dopo che lui era uscito dalla stanza. Gabrielle inarcò le sopracciglia con un debole sorriso. La mamma lo indossa sempre ancora, lo adora.

C'era voluto del tempo prima che Gabrielle si rendesse conto che il modo in cui lei vedeva se stessa aveva governato la sua vita.

· · ·

Voleva il cambiamento, aveva bisogno di cambiamento. Aveva bisogno di cambiare.

A volte ci vuole una grande emergenza o crisi per scavare in profondità e scoprire quanto più uno può fare. O dovresti fare. Gabrielle non aveva paura di fare grandi scelte: aveva lasciato il suo lavoro aziendale nel mezzo della pandemia e ora usava il suo tempo per capire cosa voleva veramente.

Aveva iniziato a trattare il suo corpo e se stessa con amore e gentilezza, niente più torture e autoflagellazione con programmi super duri. Niente da dimostrare ora.

Émile Coué ha parlato del potere dell'autosuggestione e Gabrielle stava lavorando proprio su questo. Come un attore di metodo, si era completamente immersa nel suo nuovo personaggio, liberando finalmente le sue catene mentali.

Era disciplinata e impegnata. Su se stessa. Finché la sua nuova identità non diventa parte di lei. Finché non diventa lei.

Tutto può cambiare, proprio così.

Se il Covid-19 le ha insegnato qualcosa, è che non puoi mettere in pausa la tua vita e aspettare il futuro. La strada chiamata "un giorno" conduce a una città chiamata "da nessuna parte."

Il lieto fine può essere suo. Tutto e tutti quelli che incontri nella vita sei davvero solo tu.

E un giorno, tutto cambiò, proprio così...

. . .

Gabrielle si era avventurata più lontano per la sua passeggiata, più lontano dei soliti dintorni in Islington. Aveva perso la cognizione del tempo e dello spazio ascoltando un podcast e le sue affermazioni; camminava, camminava e camminava.

Lungo la strada di St John verso St Paul's.

Poteva vedere la cattedrale di St Paul da lontano, alta, maestosa, come un faro. Ricordava quanto le piacesse partecipare alla funzione lì e ascoltare il coro della cattedrale esibirsi.

Stava zigzagando da una parte all'altra per evitare le persone che incontrava per strada. Tutti guardavano l'un l'altro con sospetto. Mascherine o non mascherine.

Qualche ambulanza usciva dai cancelli dell'ospedale St Barts.

The One New Change era deserto, come abbandonato, "Che deprimente".

Le era piaciuto passeggiare per Londra come una turista.

"Accidenti, quanto tempo è passato?" Viveva a Londra ormai da vent'anni, non si era mai sentita a casa tanto quanto qui.Il suo cuore era pieno di gratitudine.

Puoi perderti per le strade di Londra, ogni giorno scoprire nuovi angoli e fessure. Segui il Tamigi, giù alla Tate Modern, o Borough Market.

"St Paul andrà bene oggi."

Gabrielle era stata sola durante il lockdown; i suoi genitori tecnicamente nel suo piccolo circolo assegnato ma vivevano ancora nel loro villaggio, al nord.

"Un piccolo circolo davvero."

· · ·

Aveva alcuni amici fidati, la sua cerchia ristretta, ma tutti avevano la propria famiglia a cui pensare. Gabrielle era l'unica singola del gruppo.E lo era da più di un anno ormai. Alla fine decise che stava meglio da sola. Almeno finché non aveva lavorato su se stessa ed era sicura di ciò che voleva e di cui aveva bisogno, veramente, profondamente. Meglio da soli che con l'uomo sbagliato.

Aveva preparato un café allongé con una spruzzata di panna da portare con sé.

"Perché lei lo ha fatto?" Di solito non mangiava o beveva a meno che non fosse seduta. Immagino che non essere in grado di fermarsi quando e dove vuoi abbia qualcosa a che fare con questo. Oppure era solo destino.

Versò la miscela calda e profumata nella sua tazza di caffè portatile e partì per la sua lunga camminata.

"Sono una Dea, sono una Regina", le sue affermazioni stavano ancora risuonando nelle sue orecchie. Gabrielle stava sfruttando al massimo il suo tempo, assaporando ogni momento, assorbendo tutto quello che vedeva.

C'è un altro momento se non adesso? Incredibile quanto riesci a vedere quando guardi davvero.

Era assorta in se stessa, finalmente forte nella propria energia femminile come donna pienamente incarnata, riconoscendo che per essere adorata e essere trattata come una Dea, devi prima sapere che SEI una. Non c'era più bisogno di comportarsi come un uomo.

Era stato un lungo viaggio, ma finalmente stava arrivando a

destinazione. Finalmente era pronta a dire "Sì"! alla vita nella sua interità , a suo agio nel suo corpo e nelle sue emozioni, abbracciando TUTTA se stessa.

Era persa nei suoi pensieri, sorseggiando il suo caffè mentre girava l'angolo...

BANG! Ahi...

La collisione era stata sorprendentemente forte considerando che entrambi stavano solo camminando. Gabrielle aveva perso l'equilibrio ma lui fu veloce e prontamente l'afferrò per la vita per impedire di cadere.

Il caffè non era stato così fortunato e aveva schizzato dappertutto.

D-A-P-P-E-R-T-U-T-T-O sul suo vestito bianco.

"La vita non sta accadendo a me. La vita sta accadendo per me," continuava a ripetere nella sua mente guardando le macchie marroni sul suo vestito. "Ahia, macchie di caffè e non sono neanche vicino a casa."
    Erano così vicini adesso, lui aveva un buon profumo.
    "Sono una Dea..." le affermazioni ancora nelle sue orecchie.

"Mi dispiace così tanto", lui disse. Gabrielle alzò lo sguardo, i suoi penetranti occhi azzurri brillavano, il suo sorriso abbagliante spuntava attraverso la mascherina che era a metà del mento. Lui la guardò con fermezza, stabilmente, dirittamente nella sua anima.

"Almeno è carino" pensò Gabrielle "Grazie Universo."

"Tutto OK?" sembrava veramente mortificato per quello che era successo.

"Tutto OK grazie. Non è un grosso problema davvero. È solo caffè" cercando di sembrare disinvolta.

La stava fissando. Non sapeva se indietreggiare per mantenere un po' di distanziamento sociale o mantenere lo sguardo fisso. Fanculo. Tienilo.

Invece aveva voglia di avvicinarsi. Non lo fece.

"Mi faccia lavare a secco il suo vestito" lui offrì.

"Le lavanderie sono chiuse."

"Va bene, almeno lascia che lo lavi io."

"È solo caffè. Non è un problema. Davvero."

Gabrielle si chiedeva se vivesse a Londra stabilmente o se fosse rimasto bloccato qui quando il lockdown era iniziato. Aveva un caratteristico accento nordamericano, forse New York.

Giudicare, giudicare, basta Gabri. Ogni Tom Dick e Harry vive a Londra; tutti hanno un accento qui, incluso te.

"No, davvero, lascia che faccia almeno questo. Abito proprio dietro l'angolo: posso lavare il vestito e riportarlo pronto in un paio d'ore. Magari anche preparare un caffè mentre aspetti. Uno che puoi bere questa volta" insistette.

. . .

Aspetta, mi ha appena invitato a casa sua e si è offerto di lavarmi il vestito?

Lei socchiuse i suoi profondi occhi scuri mentre lo fissava e disse:

"È questo uno stratagemma per vedermi nuda?"

"No, no, no, SI" ... mortificato. "No, no. Voglio dire, sarebbe fantastico ma no."

Gabrielle sorrise profusamente. "Mi sembra di essere in una scena del Vicario di Dibley: dov'è la telecamera?"

"Cosa?" ovviamente non riconosceva il riferimento.

"Scusa, riferimento culturale britannico. Sto scherzando. Sto bene, sul serio, non c'è bisogno di crearsi dei problemi. È solo caffè."

"Voglio farlo. Speravo di passare più tempo con te... forse un rendez-vous questa stasera?"

L'americano audace; lei guardò rapidamente le sue mani per vedere se c'era l'apparenza di un anello nuziale. In entrambe le mani, certo.

"Anche i ristoranti sono chiusi."

"Io so cucinare." Déjàvu.

"Riduzione dei contatti?"

"Penso che abbiamo già infranto quella regola. Possiamo mangiare all'aperto, se questo ti fa sentire meglio," aggiunse.

"Non ti conosco davvero."

"Sto cercando di rimediare" e percependo la sua riluttanza "Posso avere almeno il tuo numero?"

Gabrielle era incuriosita e totalmente attratta da lui e così glielo diede. Aveva appena finito di digitare il suo numero sul suo cellulare quando il suo telefono aveva iniziato a squillare nella sua tasca.

"Vai a rispondere?"

"Scusa?"

"Il tuo telefono, hai intenzione di rispondere?"

"No, non è buona educazione, sto parlando con te. Vedo chi mi ha chiamato dopo."

"Sono io."

"Non puoi già sentire la mia mancanza, sono ancora qui" lei disse sorridendo, gesticolando.

"Voglio solo assicurarmi di avere il numero giusto. E ora tu hai il mio" sorrideva anche lui.

"Sei sicura che non riesco a convincerti a cenare con me stasera?"

"Stasera no."

"Un'altra sera allora. Domani?"

Gabrielle sorrise. Dio, era così bello.

"Meglio che vada ora," sorrise di nuovo, salutò e iniziò ad allontanarsi.

Non si sentiva così da molto tempo. Anzi, mai. Il suo corpo era in fiamme, il suo spirito elevato.

"Cosa è appena successo lì?"stava camminando sulle nuvole.

Sarebbe stata l'uscita perfetta se non si fosse voltata per vedere se era ancora lì. Ma non poteva farne a meno.

E lui era ancora lì, fermo, a guardare. Sorridente.

Mentre girava l'angolo, il suo telefono vibrò, un messaggio:

"ora, mi manchi"

"È comprensibile"

lei rispose.

E proprio così, quel giorno, tutto era cambiato. Ormai sono passati alcuni mesi e Gabrielle ...

BANG!

"Tesoro, sono a casa."

L'americano, Il Signor Wonderful, fece capolino nella stanza per salutarla, i suoi scintillanti occhi azzurri che la fissavano.

Inzuppato dopo la corsa mattutina. Acqua gocciolante sul pavimento.

"Sei bagnato fradicio."

. . .

"Vado a farmi una doccia," disse con un sorriso sfacciato "vuoi unirti a me?"

"Ovviamente," disse Gabrielle.

Suppongo che le pagine del mattino siano finite per oggi.

CON AFFETTO
GABRIELLE

"La nostra imagine di se, fortemente tenuta, determina essenzialmente ciò che diventiamo "

- Dr Maxwell Maltz

PARTE I

LE NOVE VITE DI GABRIELLE: PER TRE LEI GIOCA

A New York, uno dei miei tre amori

UN'AVVENTURA
NEWYORKESE

.

G abrielle si stava preparando a uscire.
Una sorpresa da Mr Wonderful.

Fuori a cena e poi all'Opera. Uscire di nuovo era incredibile dopo quasi due anni di lockdown. Andavano a festeggiare il giorno in cui si erano incontrati. Era sempre pieno di sorprese lui: spontaneo, romantico e premuroso.

Non aveva avuto il tempo di riflettere attentamente su cosa indossare e si stava preparando all'ultimo minuto. Aveva deciso di indossare lo stesso vestito che indossava quando si erano incontrati: l'abito bianco colpevole di tanti misfatti, l'abito che ha dato inizio a tutto.

Sebbene fosse così bello uscire di nuovo ora che tutte le restrizioni erano state revocate, era anche così strano vedere un mix-match di persone con e senza mascherine ovunque uno andasse. L'ansia e la lieve paura quando si sente qualcuno tossire. Puoi vedere il sospetto semplicemente guardando i volti delle persone. "Lui/lei ce l'ha?" La nuova temuta parola con la C maiuscola.

Tuttavia, lentamente e inesorabilmente, la vita stava tornando alla normalità. Il tempo passa e la vita deve continuare. Le era sempre mancato il viaggiare e uscire. La socializzazione e il teatro, amava il teatro e Mr Wonderful la conosceva bene.

BANG! Ahia…

La collisione era stata sorprendentemente forte, considerando che entrambi stavano solo camminando. Gabrielle aveva perso l'equilibrio, ma lui fu veloce e l'afferrò prontamente per la vita per non farla cadere. Sfortunatamente, il suo caffè non era stato così fortunato e schizzò ovunque.

O-V-U-N-Q-U-E sul suo vestito bianco.

Ricordi. L'odore del caffè e della colonia. Un profumo davvero buono. Le affermazioni le stavano ancora risuonando ancora nelle orecchie quando si scontrarono.

"Io sono una Dea; sono una Regina" - le affermazioni erano molto abilitanti ad ascoltare per lei, come una donna, ma forse un po' allarmante per un uomo a sentire quando ti incontra per la prima volta.

"Mi dispiace così tanto," lui disse.

"Cavolo, grazie Gesù, è così attraente,"
Gabrielle pensava mentre guardava i suoi occhi penetranti azzurri e il sorriso smagliante che spuntava dalla mascherina ora quasi a metà del suo mento.

Gabrielle si sentiva come se lui stasse guardando dritto nella sua anima. Era sinceramente mortificato per quello che era successo.

"Sono OK, grazie. Non è un grosso problema, veramente. È solo caffè," lei disse, facendo l'indifferente.

. . .

Non smise di guardarla dritto negli occhi nemmeno per un secondo. Gabrielle era indecisa se indietreggiare per mantenere un po' di distanziamento sociale (e decoro) o continuare a fissarlo. Fanculo. Fissa.

Al contrario, aveva voglia di avvicinarsi. Ma no, non lo fece. Lui offrì di farle lavare il vestito a secco. Gabrielle nel frattempo stava ipotizzando se lui vivesse a Londra permanentemente o se fosse rimasto bloccato quando era iniziato il lockdown. Aveva quel caratteristico accento nordamericano, newyorkese può darsi.

"Per favore, lascia che lo faccia. Abito dietro l'angolo: se le tintorie sono chiuse, posso lavare il vestito io e averlo pronto in un paio d'ore. Magari posso anche prepararti un caffè mentre aspetti. Uno che puoi bere questa volta,"
insisteva.

"Aspetta, mi ha appena chiesto di tornare a casa sua e si è offerto di lavarmi il vestito?" lei pensava mentre lui parlava.
"Questo è il tipo di scambio che vedi nei film di Hallmark. O nei drammi polizieschi."

Gabrielle strizzò i suoi occhi scuri e profondi mentre continuava a fissarlo e disse:

"È questo uno stratagemma per vedermi nuda?"

. . .

"No, no, no, SI"...
mortificato,
"No, no. Voglio dire, sarebbe bello, ma no."

Lei sorrise profusamente e aveva voglia di prenderlo in giro.
"Mi sembra di essere in una scena del Vicario di Dibley: dov'è la telecamera?"

"Cosa?" lui disse perplesso e ovviamente non capendo il riferimento.
"Scusa, riferimento culturale britannico. Sto scherzando. Sto bene, sul serio, non c'è bisogno di disturbarti così tanto. È solo caffè."

E poi le chiese di uscire con lui. Gabrielle si ricordò di come aveva guardato subito alle sue mani per vedere se c'era qualche segno di una fede nuziale. In entrambe le mani, per essere sicura. E no, non c'era nemmeno un anello o nessun segno che ne indossasse uno regolarmente.
Si offrì di cucinare anche.

"E il distanziamento sociale?"
lei chiese.

"Credo che abbiamo già infranto quella regola. Possiamo mangiare all'aperto se questo ti fa sentire meglio o più al sicuro,"
lui rispose.

"A dir la verità, non ti conosco."

. . .

"Sto cercando di rimediare" e percependo la sua riluttanza,
  "posso avere almeno il tuo numero?"

Gabrielle era incuriosita e molto attratta da lui e così glielo diede.
Lui aveva appena finito di registrare il suo numero sul suo cellulare quando il telefonino iniziò a squillarle in tasca.

"Hai intenzione di prenderla ?" chiese.

"Scusa?"

"Il tuo telefono, hai intenzione di rispondere all chiamata?"

"No, sto parlando con te, è scortese. Posso vedere chi mi ha
chiamato più tardi."
  "Sono io."

"Di sicuro non ti posso già mancare; sono ancora qui,"
  disse Gabrielle (è interessato, un buon segno).

"Voglio solo assicurarmi di avere il numero giusto. E ora tu hai
anche il mio"
  lui disse sorridendo.
  "Sei sicura che non ti posso convincere a cenare con me
stasera?"

. . .

"Non stasera."

"Un'altra sera allora. Domani?"

Era sicuro di sé senza essere arrogante o ostinato. Sapeva esattamente cosa voleva e ci stava provando.

Gabrielle si sentiva davvero positiva per questo incontro ed era eccitata come non lo era stata da molto tempo. Ricordò di averlo salutato con la mano e di aver cominciato ad andarsene. In realtà, non si era mai sentita così prima. Il suo corpo era in fiamme, il suo spirito nelle stelle, e le sembrava di camminare sulle nuvole.

Sarebbe stata l'uscita perfetta se non si fosse girata per vedere se lui era ancora lì . Ma non poteva trattenersi. Doveva farlo.

Era ancora lì, fermo, a guardarla. Sorrideva.

Mentre Gabrielle stava svoltando l'angolo, si accorse che il suo telefonino stava vibrando, un messaggio:

"Ora mi manchi .

" Comprensibile"

lei rispose.

. . .

Proprio così, quel giorno, tutto cambiò. Lui era tutto ciò che aveva sempre desiderato ma non era mai stata pronta prima. E la loro storia stava ancora continuando.

"Tesoro, sei quasi pronta?"
Mr Wonderful le chiese, sbirciando attraverso la porta della camera da letto,
"l'Uber sarà qui nei prossimi minuti."

"Dove stiamo andando esattamente adesso?" lei le domandò, era troppo presto per l'Opera.

"Cena."

"Lo so, lo hai detto prima. Ma dove?"
Gabrielle, l'organizzatrice sempre in controllo, doveva sapere.

"Ho prenotato a Balthazar, in Covent Garden."
Bel posto , e a pochi passi dalla Royal Opera House. Gabrielle aveva menzionato una volta che ci era stata a New York; lui deve averlo ricordato.

Balthazar era affollato. Molto.

La *concierge* li accolse mentre entravano e li portò direttamente al loro tavolo. Il locale era relativamente piccolo, con pareti macchiate da finta nicotina, un orologio che una volta apparteneva alla parete di una stazione e una tonalità ambrata, sembrava quasi fatto apposta per Instagram.

C'era un vivace ronzio nell'aria.

Meno male che Mr Wonderful aveva prenotato perché fuori c'era una fila in attesa di essere seduti e molti di quelli che avevano provato a entrare senza prenotazione se ne stavano andando, delusi dall'attesa.

Gabrielle ordinò le cozze per antipasto e la bistecca alla tartara per portata principale. Mr Wonderful aveva ordinato champagne apparentemente alla spina per mandare giù tutto più facilmente.

Era così bravo a ricordarsi tutti i piccoli dettagli e celebrare ogni occasione, non importava quanto piccola o grande fosse. Qualunque cosa lei diceva, lui l'ascoltava e poi agiva. In realtà era senza parole che ricordasse così tanto di tutto ciò che gli aveva detto.

Era spontaneo, romantico, premuroso e appassionato. E con penetranti occhi azzurri. Non c'è da stupirsi che lei lo chiamasse Mr Wonderful.

Erano seduti nell'angolo destro del ristorante, proprio di fronte al bar con una buona vista della stanza e della finestra, posto ottimo per osservare la gente, se uno voleva.

Riuscivano a malapena a sentirsi l'un l'altro, persi tra il jazz dal vivo, il chiacchierio della gente e il rumore di piatti e posate, ma, allo stesso tempo, l'atmosfera era molto intima e accogliente. Anche in mezzo alla folla, Mr Wonderful aveva occhi solo per lei.

Chiac - chiere, chiac - chiere.

Gli stessi suoni, un'atmosfera diversa.

Tin tintin ... tin ...

Gabrielle adorava i ristoranti grandiosi e spettacolari con atmosfera, e Balthazar è senza dubbio grandioso, forse una delle migliori *brasserie* di Londra per il suo *ambience* e personale cordiale e di buon umore e con servizio all'altezza della reputazione dell'equivalente in New York City.

La prima volta che lei era andata a Balthazar in New York era stato un fine settimana per il brunch, bistecca uova e pancakes newyorkesi con un Bloody Mary Balthazar.
Il VicePresidente l'aveva portata lì. Si erano conosciuti solo pochi giorni prima.

skahdeedath bidedoodop... gahdugat ...

"NYC Balthazar è molto più grande di questo," le passava per la testa.

· · ·

A quel tempo era proprio nel bel mezzo del pieno clamore di Sex and The City. Un posto in cui tutti volevano essere visti.

E Il VicePresidente si era assicurato il tavolo più visibile del locale.

Salutava le persone, sorrideva.

"Vedi quell'uomo nell'angolo là?"
Gabrielle girò leggermente la testa per vedere di chi stesse parlando.

"È l'amministratore delegato dell'azienda tale dei tali... Un cliente importante."

"Quella laggiù è la conduttrice di NBC News,"
nome famoso buttato lì per caso
"e quella bionda laggiù è in una famosa telenovela."

Un posto per osservare le persone. O, ancora più importante, essere osservati. Erano seduti in mezzo alla stanza, il che serviva decisamente al quel proposito. Non un ottimo tavolo per conversare e cercare di conoscere qualcuno.

In ogni caso, Gabrielle non pensava che fossero lì per questo.

Quello fu il primo *rendez-vous* con il VicePresidente dopo l'arrivo di Gabrielle a New York.

Il viaggio era stato una decisione dell'ultimo minuto dopo la rottura di una relazione a lungo termine.

Un'altra relazione fallita.

· · ·

Gabrielle aveva raggiunto il punto di ebollizione e si sentiva claustrofobica. Aveva avuto bisogno di scappare, un'avventura, di riorganizzarsi e ripensare a cosa voleva fare. Si sentiva come se avesse buttato cinque anni della sua vita giù nello scarico. Aveva dato tutto quello che era capace di dare e, in quel momento, non aveva più niente da offrire.

"Sposiamoci e facciamo dei bambini,"
    lui le aveva detto di punto in bianco, dopo cinque anni e tutti i discorsi precedenti di accasarsi che non erano andati da nessuna parte.

Incredibile. Troppo poco e troppo tardi.

Mentalmente lei l'aveva già lasciato. Non era più sicura di un futuro con lui. Invecchiare con lui. O di vederlo come padre dei suoi figli.

Le sue amiche le dicevano sempre:
    "Perché non rimani incinta? Sai, p-e-r c-a-s-o. Queste cose succedono, e almeno avrai un figlio."

Gabrielle sapeva che alcune (molte? poche?) donne fanno questo, intenzionalmente, e a volte le relazioni hanno successo. A volte non così tanto.
    Ma lei, non era mai riuscita a farlo. Neanche provarci.

· · ·

Ci sono abbastanza bambini indesiderati nel mondo e portarne un altro, potenzialmente indesiderato, non era, per lei, la scelta giusta da fare. Per dire la verità , lei pianificava la sua carriera in continuazione, mossa dopo mossa, e non sembrava mai essere il momento giusto per rimanere incinta. Spostarsi città, viaggiare e un nuovo lavoro più importante sembravano sempre opzioni più desiderabili e possibili.

Forse non voleva un figlio. L'idea di un bambino, sì. L'idea di essere madre, sì. Averlo non così tanto. Qualche volte aveva pensato se avere figli fosse un pensiero così profondamente indottrinato che doveva desiderarlo, essere madre come l'apice dell'essere donna. Lei ha sempre voluto essere libera. Ha sempre voluto viaggiare, libera di fare quello che voleva, quando voleva.

Idem per il matrimonio. L'idea di avere una storia d'amore onnicomprensiva, che quasi ti consuma, e di trovare qualcuno che è impossibile di vivere senza era elettrizzante. Un uomo forte che può prendere cura di te. Però trovare un uomo che puoi sopportare ventiquattro ore su ventiquattro, sette giorni su sette senza sentirsi intrappolata, non tanto. E ora, l'unica cosa che voleva era andarsene. Da qualsiasi parte.

New York - il sogno della Grande Mela - era sempre stato lì a aspettare sul sottofondo, come in agguato. E adesso, questa era stata l'occasione perfetta per fare il grande passo. Così aveva scritto al suo capo, chiesto una lunga pausa dal lavoro e aveva ottenuto i biglietti per il viaggio. Tre mesi a New York, un mini-sabbatico. Più lungo di una vacanza ma abbastanza breve da non aver bisogno di un visto di lavoro.

Durante il suo transito in taxi verso l'aeroporto, si era sentita come Indiana Jones
(ok, una mini Indiana Jones); era il suo primo viaggio da sola in assoluto, non legato al lavoro.
Nessuno da visitare. Nessun piano. Solo lei e New York.
Fottutatmente esilarante e spaventoso.

Il volo le sembrò molto più lungo di quanto aveva immaginato, forse perché doveva stringersi tra due enormi individui che quasi straripavano sul suo sedile. O forse perché gli stessi due non avevano mai smesso di muoversi, parlare, mangiare. Per TUTTO il tragitto, per tutto il volo.

"Gesù, cosa c'è di male a stare zitti per qualche ora. O semplicemente dormire,"
lei si era chiesta per tutto il viaggio conoscendo già la risposta. A Gabrielle sembrava che le persone avessero paura del silenzio e che avessero un disperato bisogno di riempirlo.

"Dio solo sa che cosa temono che succede se sono soli con i loro pensieri. Quindi la maggior parte delle volte, riempiono il vuoto con assurdità totali assolute. E sfortunatamente, su un aereo, non c'è dove da fuggire. Devi ascoltare. Beh, più o meno."

Chiac- chiere, chiac- chie- re, bla bla bla...

. . .

E mangiavano pure, costantemente.

"Veramente? Chi porta spuntini su un volo a lungo raggio? Sono sicura che la fame non ti prenderà di sorpresa se non sgranocchi qualcosa costantemente. Rumorosamente pure. La compagnia aerea fornisce già cibo, non vai a morire di fame," pensava annoiata.

Nota per se stessa: devo prenotare la business class per il volo di ritorno.

Quando l'aereo atterrò all' aeroporto JFK, le persone scesero dall'areo con calma, seguendo i diversi segnali diretti verso la dogana. Gli inglesi sono bravi a fare la fila e viene naturale. Mentre i passeggeri stavano arrivando vicino ai banchi doganali, Gabrielle fu distolta dai suoi pensieri;

"Signora, si metta dietro la linea gialla."

"Sta parlando con me?" pensò Gabrielle: "Mi ha appena chiamato Signora?"

Non sapeva se fosse più irritata per essere stata chiamata Signora ("sembro così grande?"), soprattutto perché l'ufficiale non sembrava molto più giovane lei stessa, o per era stata sgridata da un'agente prepotente e robusta CON PISTOLA .

. . .

Apparentemente, stava facendo qualcosa di sbagliato. Gabrielle non sapeva cosa fosse, ma sembrava che l'avesse infastidita. Molto.

L'addetta protezione delle frontiere si avvicinò a Gabrielle, troppo vicino per il suo gusto specialmente perché era sicura che non stessero per baciarsi, mentre continuava a gridare, ancora spiegando

("Sicuramente le sembrare una cretina," si era chiesta),

"Signora, stia dietro la linea gialla. Non è ancora ammessa negli Stati Uniti finché non è passata al controllo passaporti con il mio collega al banco. Si metta dietro la linea gialla."

"Cosa? Davvero? Sono abbastanza sicura che l'aereo sia atterrato a JFK, e sono abbastanza sicura che JFK si trova negli Stati Uniti d'America. Quindi cosa farà? Mi ributta indietro nel mare?"

Mentre tutti questi pensieri le passavano per la mente, Gabrielle disse invece imbarazzata:

"Certo, nessun problema agente,"

non si sentiva così coraggiosa da far discussione con una persona in autorità armata e annoiata.

La reputazione della polizia americana per il grilletto facile (non importa come) è famigerata e, sfortunatamente, o fortunatamente, era impressa nella sua mente. Aveva anche immagini di essere rinchiusa senza alcun contatto con il mondo esterno e rimandata indietro. O tenuta da qualche parte.

Dio solo sa dove.

· · ·

"Ho visto troppi polizieschi,"
pensò Gabrielle.

Che contrasto con l'ufficiale dietro il banco.
Era un uomo giovane, sulla ventina o i trenta, apparentemente timido. E, sfortunatamente per lui, aveva in fronte tre signore appena sbarcate da Manchester. Loro si stavano divertendo molto, e sembrava che il divertimento fosse iniziato sull' aereo, o forse anche prima, con abbondante alcol. Si potrebbe dire che erano "brille."

E decise a divertirsi.

New York era la loro tappa per la notte prima di imbarcarsi per una crociera nei Caraibi, ed erano state *ufficialmente* in vacanza probabilmente dall'inizio del viaggio in Manchester. Le signore sembravano più o meno sui cinquanta o primi sessanta, o almeno come sessant'anni o giù di lì sembrava a Gabrielle. Stavano facendo ogni sorta di avance al pover'uomo che, ormai, era diventato rosso in faccia fino alle radici.
E lui stava diventando sempre più rosso ogni minuto che passava.

Erano totalmente svergognate e chi può biasimarle? Era carino e indossava un'uniforme (aiuta sempre), rassicurate l'una dall'altra e più dai vodka martini.

L'agente non vedeva l'ora di mandarle via dal suo banco il più presto possibile.
Poverino.

. . .

Poi venne il suo turno. Gabrielle era sicura che non le erano mai state poste così tante domande per entrare in nessun altro paese. Almeno non si ricordava. Né pensava che fossero tutte domande legittime (per concedere l'ingresso nel paese).

Forse stava riaffermando la sua autorità or cercava di riprendere il controllo dopo le signore prima della crociera, o forse è quello che chiedeva di solito. Chi lo sa.

Gabrielle preferiva pensare che ci fosse un lieve flirt in corso. Ma, ehi, era carino, ed era un cordiale benvenuto a New York. Si sentiva compiaciuta e quasi tentata di tornare indietro e tirare fuori la lingua verso l'ufficiale del
    "Stia dietro la linea gialla," ma pensò che forse era meglio di no.

Uscì dall'aeroporto e cercò la corsia dei taxi.

"324 West 44th Street, per favore . The TownePlace Suite Manhattan, per favore "
    che l'avventura abbia inizio.

Mentre stavano guidando verso la città, il tassista chiacchierava. Gabrielle era distratta: era immersa nell'atmosfera, entusiasta per quello che i prossimi tre mesi le avrebbero portato.

. . .

Aveva scelto un Hotel boutique per soggiorni prolungati proprio nel cuore di Times Square a New York e a pochi passi da Broadway, Restaurant Row, Macy's Herald Square, Empire State Building e molte altre famose attrazioni.

Voleva avere l'esperienza più autentica possibile in un alloggio in stile quartiere che aveva un piccolo luogo cucina.

Naturalmente, New York è piena di posti dove mangiare ovunque e lei potrebbe facilmente uscire a cena se voleva. Tuttavia, le piaceva sia la comodità e pretendere di vivere lì, anche se solo per un po'.

Forse cucinare qualche pasto di tanto in tanto.

A pensarci bene, Gabrielle non era mai stata fuori a cena o in un pub da sola.

M-A-I.

Anche quando incontrava le persone, controllava sempre che arrivassero per prime.

"Piccoli passi Gabri, piccoli passi,"
si disse.

Aveva preso un volo alla mattina presto per godersi il primo giorno in New York quasi intero e poi andare a letto a un orario "normale" per battere il jet lag. Era arrivata in hotel verso le due del pomeriggio e, dopo una doccia veloce e un cambio di vestiti, era pronta a iniziare con l'esplorazione della città.

. . .

Gabrielle aveva comprato una mappa tascabile Insight di New York City che aveva studiato sull'aereo e aveva pianificato già qualche escursione.

"So che è un'avventura, ma un po' di struttura non guasterà."
Aveva cercato di decifrare il sistema stradale di New York...

"Le strade dispari vanno a ovest e le strade pari vanno a est. Giusto, OK ... E gli edifici dispari si trovano sul lato nord della strada e gli indirizzi pari si trovano a sud. Quindi le strade corrono da est a ovest e i viali corrono da nord a sud. Penso di aver capito."

Per la sua prima uscita si era avventurata a Time Square, poi alla biblioteca pubblica di New York sulla Fifth Avenue e dopo un piccolo giro spontaneo.
Tutto era così nuovo eppure così familiare. Riconosceva edifici e strade quasi ad ogni svolta.

"Salve," pensò mentre passava un bel uomo che andava nella direzione opposta.
"Sei appena arrivata, Gabri. Dagli tempo" parlando a se stessa.

Mentre si incrociarono, lo sconosciuto le sorrise, un sorriso abbagliante. Non era il suo solito tipo. Di solito le piacevano quelli alti, scuri, belli (o biondi) ma decisamente alti. Lei era più o meno 1.65 cm e le piaceva indossare i tacchi.

. . .

Lui era più di un'altezza media, alias più basso, con un look tutto americano tipo alla soap-opera.

"Belle scarpe," disse.
    frase interessante per un approccio.

"Scusi?"
    Gabrielle rispose.

"Sembra che tu stia camminando con uno scopo. Stai andando in un posto specifico?"

Non voleva rivelare troppo; dopotutto era un perfetto sconosciuto. Potrebbe essere Jack Lo Squartatore o Ted Bunty per quanto ne sapeva. E prima che potesse rispondere:
    "Io sto andando in ufficio per una riunione. Ecco la mia carta con il mio cellulare e l'estensione dell'ufficio. Possiamo incontrarci per un drink più tardi?"

Mmmmh...

"O forse un caffè domani mattina?"
    aggiunse siccome lei sembrava pensosa.

OK, questo era più ragionevole. Gabrielle stava ancora esitando.

. . .

"Puoi venire nell'edificio dove lavoro e chiedere di me, e poi possiamo andare a prendere un caffè?"
Meglio. Decisamente meglio.

"Diciamo alle 10:00? Come ti sembra?"

"Sembra un piano," lei rispose.

"E come ti chiami, bella signorina?"

"Gabrielle."

"Piacere di conoscerti, Gabrielle. Ci vediamo domani. Ciao."

VP DI FINANZA SOCIETARIA - diceva il biglietto da visita. VicePresidente eh? Non male come inizio dell'avventura.

La seconda mattina in New York fece la colazione americana in albergo; non era abituata a fare colazione la mattina, ma pensava che fosse meglio averla considerando che aveva programmato una lunga giornata a camminare: uova, pancetta, salsiccia e frittelle.

Aveva pensato per tutta la notte se andare o no a incontrare il VicePresidente.

. . .

"Cosa ho da perdere? È solo un caffè e una chiacchierata in uno spazio pubblico. Qual è il peggio che può succedere?"

Il suo ufficio era in un enorme edificio (non sono tutti?) a MidTown Manhattan vicino al Rockefeller Center. La portineria chiamò il numero del suo ufficio per fargli sapere che Gabrielle era lì.

"Sei adorabile oggi,"
disse. Aveva un profumo di acqua di colonia fresca e indossava una camicia a righe blu che gli faceva risaltare gli occhi.

"Andiamo. È solo a pochi minuti di distanza, proprio in fondo ai gradini da 1 Rockefeller Plaza. C'è un bel bar che vende caffè espresso e caffè molto buono in generale. Ti piacerà."

Era molto loquace e voleva saperne di più su Gabrielle. Non troppo, ma di più. Il VicePresidente stava già facendo piani per il fine settimana. Brunch a Balthazar.
Possiamo fare questo. Possiamo fare quello. Progetti per loro due.
Un pò presuntuoso.

Tuttavia era il suo primo fine settimana a New York e le piaceva molto l'idea di avere un po' di compagnia. Il fatto che fosse lì per un periodo di tempo limitato lo rendeva più attraente.
Probabilmente era lo stesso per entrambi.

· · ·

Il tempo passò velocemente. Doveva tornare in ufficio e si accordarono di incontrarsi fuori da Balthazar. Gabrielle aveva intenzione di camminare ancora un po' e aveva studiato la sua mappa. Si era sentita così orgogliosa quando qualcuno che sembrava un turista le chiese indicazioni.

"Successo."

Tutto stava andando così bene finché non raggiunse il West Village, e poi tutto un casino:

"Cosa è successo qui?"pensò stupita.

Non poteva riconoscere il familiare sistema stradale a griglia da nessuna parte. Mentre camminava, si imbatté nella pasticceria Magnolia. Prese un paio di cupcakes per vedere di cosa tutti parlavano.

Gabrielle aveva provato a cercare punti di riferimento e strade familiari per tornare in hotel.

"Col cazzo che tiro fuori la mappa,"
    si disse. Avrebbe potuto facilmente prendere un taxi, ma voleva camminare. Necessitava camminare.

Tornò in albergo esausta e andò dritta a letto. Il secondo giorno era finito alle otto di sera: vita da rock'n roll.

• • •

Si era svegliata la mattina dopo e aveva preso il suo tempo per assaporare il suo caffè e godersi la vista di New York, non credendo ancora di esserci davvero.

"È ora di prepararsi per il brunch."
   Quel giorno fu l'inizio della sua relazione con il VicePresidente.

Divenne il suo accompagnatore con benefici. Sapeva vivere e divertirsi. La vita alta classe newyorkese.

La loro relazione stava crescendo in una storia appassionante e inibita.

Si sentiva come se fosse in un film che, un giorno, inevitabilmente, sarebbe finito, tutto più eccitante per questo motivo.

Teatri. Cinema. Musei.

Gabrielle era venuta a conoscere i luoghi più famosi di New York. E fatto sesso lì anche.
   Il VicePresidente le aveva comprato molti regali. Profumo. Fiori. Gioielli. Il denaro era il suo linguaggio "d'amore". Molta biancheria intima. Amava Victoria's Secrets. Aveva dovuto svuotare un cassetto intero per tutto che le aveva regalato.

. . .

Era l'accompagnatore perfetto e non era timido nel presentarla ai suoi conoscenti.

"Questa è Gabrielle, la mia *amica* in visita da Londra, Inghilterra,"
la presentava.

Il VicePresidente l'aveva anche portata al suo posto negli Hamptons. Aveva una casa vacanze a Cooper's Beach.

Gabrielle aveva sentito parlare degli Hamptons: il gruppo di città e villaggi all'estremità orientale di Long Island, nello stato di New York, un luogo di villeggiatura popolare per i newyorkesi (ricchi).

Quando il VicePresidente le disse che gli Hamptons erano a New York, era perplessa. Impiegarono circa due ore e mezza di macchina per arrivare a Westhampton, dove iniziano gli Hamptons.

Due ore e mezza!

E per raggiungere la fine dell'isola South Fork c'erano altre cinquanta miglia a est.
È come dire andare da Manchester a Londra.

"Prospettiva, Gabrielle, tutto è questione di prospettiva,"
pensò.

. . .

Gabrielle poteva capire perché così tanti ricchi e famosi trascorrono le loro estati qui: brezze oceaniche, spiagge di sabbia bianca, ottimi frutti di mare, feste vivaci e l'atmosfera rurale di South Fork di Long Island e della più rilassata città di Southampton.

Per il fine settimana, il VicePresidente aveva programmato una visita allo Shinnecock Golf Club, a quanto pare una delle storiche istituzioni golfistiche degli Stati Uniti.

Nonostante sia stato ristrutturato e ampliato, il suo carattere rimaneva sostanzialmente lo stesso di un secolo fa. Un membro accompagnatore deve iscrivere tutti gli ospiti;
        ovviamente, il VP era un membro. Le aveva anche comprato l'abbigliamento appropriato per il golf e informata sulle rigide regole del Club.

"Ciao, ci sei? Tesoro?"
        disse Mr Wonderful interrompendola nel mezzo dei suoi ricordi.

"Sembri a miglia di distanza. Stai bene?"

Gabrielle era stata ri-transportata nella Londra attuale.

"Sì, sì, mi stavo solo godendo il cibo e ero persa nei miei pensieri," "spero che non abbia parlato di qualcosa di importante, e l'ho mancato," pensò in aggiunta.

Finirono la cena pre-teatro e si diressero verso la Royal Opera House dietro l'angolo. Mano nella mano. Come il giorno in cui si erano incontrati, l'elettricità era palpabile. Era troppo bello per essere vero? A volte dubitava di meritarlo.

Stavano per vedere Madama Butterfly, l'affascinante e straziante storia di parole e promesse pronunciate con noncuranza che hanno conseguenze inevitabili.

Un bel dì, Levarsi
un fil vedremo di fumo
Sull'estremo confin del mare
E poi la nave appare
Poi la nave bianca .....

Il VicePresidente aveva portato Gabrielle al Metropolitan per vedere Madama Butterfly. Perché amava l'Opera, meglio ancora farsi vedere all'Opera, i posti migliori ovviamente.

"Adoro quest'aria,"
    aveva detto.

È incredibile come la stessa esperienza possa essere così differente in momenti diversi. La musica la trasportava dentro e fuori dal suo corpo, avanti e indietro nel tempo.

· · ·

….Entra nel porto
Romba il suo saluto
Vedi? È venuto!
Io non gli scendo incontro, io no
Mi metto là sul ciglio del colle e aspetto
E aspetto gran tempo
E non mi pesa
La lunga attesa

Mr Wonderful guardò Gabrielle e la baciò dolcemente sulla fronte,

"Io sono qui, e non mi pesa la lunga attesa.

Io ti aspetto."

"SEI QUI SOLO ORA;
SEI VIVO SOLO IN QUESTO MOMENTO"
- JON KABAT-ZINN

ALLA RICERCA DI GOREN

"Io sono qui, e non mi pesa la lunga attesa. Io ti aspetto," disse Mr Wonderful guardando Gabrielle mentre la baciava dolcemente sulla fronte.

Il soprano stava cantando una delle arie più famose di Madama Butterfly, *Un bel dì, vedremo*:

> *E non mi pesa*
> *La lunga attesa*
> *E uscito dalla folla cittadina*
> *Un uomo, un picciol punto*
> *S'avvia per la collina*
> *Chi sarà, chi sarà?*
> *E come sarà giunto*
> *Che dirà, che dirà?*

Gabrielle sorrise, non sapendo cosa dire. A volte poteva leggerle la mente e, in quel momento, era sicura che sapesse che non era stata presente, ma a miglia di distanza.

Madama Butterfly aveva sempre avuto il potere di riportarla al mini-sabbatico che aveva passato a New York e allo spettacolo che aveva visto all'Opera Metropolitan nel Lincoln Center.

L'auditorium del Lincoln combina l'eleganza del vecchio mondo con quella contemporanea; ha circa 3.800 posti a sedere e 245 posti in piedi. L'acustica è superba.

Grandiosa.

· · ·

Per Gabrielle, però, il Met è semplicemente troppo grande. Preferisce invece la Royal Opera House a Londra, con più o meno 2.256 posti che offre un'esperienza molto più intima.

Come New York - Londra. Il VicePresidente e Mr Wonderful.

Madama Butterfly con il VicePresidente era uno show, solamente un'occasione per vestirsi, socializzare e farsi vedere. Con Mr Wonderful era invece un momento da assaporare in pieno se solo fosse riuscita a smettere di essere trascinata indietro, nel passato.

Ma il passato è mai veramente passato ? I ricordi si intromettevano nel momento presente, fantasie intermittenti nel presente continuo delle nostre vite. Tutto è sempre presente. L'immaginazione vivida a volte più reale della realtà stessa.
Com'è facile essere confusi.

Il viaggio a New York continuava a saltarle in mente, invadendo.

Una decisione dell'ultimo minuto dopo la fine di una relazione a lungo termine. Aveva avuto bisogno di scappare, un'avventura, per riorganizzarsi e ripensare a cosa fare.

Durante la corsa in taxi dall'aeroporto, si era sentita come una piccola Indiana Jones nel suo primo viaggio da sola in assoluto, non un altro viaggio di lavoro. Nessuno da visitare. Niente pianificato. Solo lei e New York. Molto esilarante ma anche spaventoso.

. . .

Aveva deciso di andarci per tre mesi, più a lungo delle solite ferie ma abbastanza breve da non aver bisogno di un visto di lavoro. Sembrava una buona idea in quel momento.

Ma entro il secondo mese, senza un lavoro o amici da incontrare e il VicePresidente al lavoro durante il giorno, la novità si era esaurita. Gabrielle aveva camminato per Manhattan da cima a fondo e da est a ovest. Aveva quasi memorizzato ogni strada.

Beh, certamente sembrava così.

Aveva incontrato il VicePresidente il suo primo giorno a New York e si erano messi insieme da allora. L'aveva portata in tutti i suoi posti preferiti e l'aveva presentata a tutte le persone giuste (le SUE persone giuste), il perfetto accompagnatore con benefici aggiunti.

Ma adesso Gabrielle era annoiata.

Le vacanze sono periodi relativamente brevi che uno pianifica. Invece questo viaggio a New York era stato inaspettato, totalmente non pianificato, senza nessun programma, e Gabrielle era sempre abituata ad avere qualcosa che le occupava la mente, fianco a fianco con una vita sociale molto attiva.

Era così annoiata che aveva iniziato a guardare la televisione molto più di quanto fosse abituata a casa, passando da un canale all'altro in continuazione (troppi canali). Spesso guardava una delle franchise di Law and Order, qualcosa di familiare, era sempre stata una fan di gialli e drammi polizieschi.

Gabrielle amava particolarmente Law and Order Criminal Intent e uno dei suoi personaggi: il detective Robert Goren, interpretato brillantemente dall'attore Vincent D'Onofrio.

Il detective Goren era alto, bruno e bello, lunatico e incredibilmente perspicace in un modo deduttivo da Sherlock. Inoltre totalmente incasinato nelle sue relazioni.

In altre parole: perfetto e il suo solito tipo.

Per passare il tempo, aveva iniziato a cercare su Google per scoprire dove stavano girando il telefilm, se erano in corso le riprese e quale attore stava filmando. Lei aveva anche pensato di andare a vedere di persona.

Reddit sembrava il posto giusto per questo e per ogni possibile avvistamento di d'Onofrio/ Goren, i due sempre più intrecciati nella sua mente. Un eroe intelligente e attraente, proprio qui a New York. Dove lei si trovava adesso.

Stava quasi vivendo una doppia vita.

Di notte, l'alta vita di New York City con il VicePresidente.
     Di giorno, cercando su Internet l'ultimo posto in cui Goren era stato avvistato: Bond St, Stuyvesant Town, Bleecker Street ...

. . .

Un giorno aveva letto che era un frequentatore abituale di Tompkins Square Park, Christodora House, e così era andata da MidTown fino a lì e si sera fermata per ore.

O-R-E.

Aspettando.

Non successe niente, ovviamente, a parte il fatto che si stava trasformando in una semi-stalker.

Ma mentre stava tornando al TownePlace, lo vide.

Proprio all'incrocio tra la Third Avenue e la 14th Street.
   Goren stava guidando una grande Range Rover scura.

OK, non aveva un' idea che macchina fosse, era una grossa. Il suo cuore iniziò a battere veloce. L'aveva visto davvero. Dal vivo.

E, proprio così, com' era apparso, se n'era andato. Proprio così, si era trasformata in una stalker adolescente e ossessionata.
   Splendido.

. . .

Dio solo sa cosa pensava di fare se lo avesse incontrato come si deve. Innamorarsi perdutamente e trasferirsi definitivamente a New York.
O lui a Londra? Non aveva pensato a tanto.

Stava solo cercando qualcosa che non riusciva a trovare. Odiava ammettere che andava sempre con uomini emotivamente o fisicamente non disponibili.

E se sceglieva sempre persone che non consentivano l'intimità? Era perché, in fondo, non la voleva?

O aveva forse paura di perdersi completamente se si fosse lasciata amare?
Era LEI quella che aveva paura?

Come poteva smettere di frequentare persone emotivamente non disponibili? Persone che non possono amarla davvero.

E ora, era qui con Mr Wonderful.

Proprio qui, in questo momento, fisicamente e emotivamente, l'uomo più disponibile che avesse mai incontrato.
Totalmente devoto a lei.

Quando ripensava alle sue quasi-relazioni che non avevano funzionato poteva vedere un denominatore comune.

• • •

Se stessa.

Il Milionario Operaio che lavorava molto duramente per i suoi soldi. E più guadagnava, più duramente doveva lavorare per bilanciare il suo basso valore interno.

"Lui è un m-i-l-i-o-n-a-r-i-o" le aveva detto con la bocca piena. Una delle primissime cose che le aveva detto.

Cercava costantemente di superare suo padre, un immigrato della classe operaia che aveva fatto fortuna nel dopoguerra, ma non aveva mai creduto di poterlo fare.

All'epoca non poteva mai capire come un finanziere bancario avesse una tale avversione per il denaro e l'essere ricco.

In realtà, non si era mai adattato del tutto al suo nuovo habitat. Al contrario, Gabrielle cercava sempre di migliorare, e quell'atteggiamento era inconcepibile per lei - lei aveva lasciato il suo villaggio alle spalle,
    mentalmente e fisicamente.

Non riusciva neanche a capire come uno volesse rimanere una falena invece di diventare una farfalla.

Lo Stallone era alto e muscoloso con occhi verde intenso, labbra voluttuose e un vorace appetito sessuale.

· · ·

Il fatto che lui fosse diversi anni più giovane di lei rendeva l'avventura ancora più eccitante, come gli uomini al potere con più giovani trofei al seguito. Tranne che questa volta, lei era quella in potere e l'uomo era il trofeo.

Il brivido, unito alla convalida personale, era un potente afrodisiaco. E all'inizio era stato divertente ed eccitante, ma dopo un po' diventato noiosa; voleva una relazione vera, non passare tutti i fine settimana da sola.

E anche se c'erano tutti i segni che qualcosa non andava, li ignorò.

Lo Stallone era un sopravvissuto al cancro in remissione che usava la sua malattia come Linus la sua copertina . Gabrielle aveva pensato di lasciarlo così tante volte, ma la storia strappalacrime veniva fuori ogni volta.

Si era innamorata di qualcuno che aveva così tanti campanelli allarme che avrebbe potuto essere un controllore del traffico aereo. Ma, concedendogli il beneficio del dubbio, aveva continuato a vederlo.

Non voleva essere la stronza senza cuore che lo aveva mollato quando era giù di morale e depresso.

Sei mesi dopo che si erano finalmente lasciati, Gabrielle era capitata su un sito web per la beneficenza ed era lì: la foto di una coppia che aveva organizzato un evento di raccolta fondi di grande successo:

Lo Stallone e la sua ragazza.

Il problema era che quell'evento si era svolto quando loro erano ancora insieme. Gabrielle era stata L'ALTRA DONNA.

Poi è arrivato Il QC. Il famoso QC.

Intelligente, attraente, completamente in controllo della sua vita. E uno con le palle più grandi delle sue. Ma, forse, con il senso del dopo, erano troppo grandi.

Il QC era brillante e Gabrielle apprezzava i loro lunghi dibattiti, orgogliosa che lui si sentiva a suo agio nel parlare dei suoi casi e che chiedeva la sua opinione.

La sua mente era assolutamente ipnotizzante. Il suo ego altrettanto gigantesco. Era un uomo abituato a vivere la vita alle sue condizioni, e tutti intorno a lui assecondavano ogni suo singolo capriccio.

Sfortunatamente piaceva così anche a Gabrielle. Era una situazione quasi insopportabile principalmente perché era come guardarsi allo specchio e non apprezzare quello che si vede.

Dopo c'era stato Il Socialista Champagne. Un altro specchio per lei ma, questa volta, quello che rifletteva era anche peggio. La perfezione è così difficile da raggiungere e cercare di essere sempre perfetti è estenuante.

La perfezionite è una malattia terribile.

Cercare sempre senza mai arrivare.

Gabrielle aveva continuato nella sua ricerca, convinta di trovare un giorno qualcuno che volesse stare con lei perché era *speciale*.

Come lo Socialista Champagne: classe operaia, super dotato, borsa di studio per Eton, Vice Presidente Esecutivo in una delle quattro grandi società di consulenza, e ancora affetto dalla sindrome dell'impostore.

Tutti erano stati lo stesso uomo. Tutti erano LEI. Gabrielle temeva di essere ferita. Non erano loro. Era lei.

Aprirsi *veramente* con qualcuno e loro ricambiare è un legame intimo. E se la relazione fallisse?

Loro erano stati perfetti e l'opzione sicura. Dal momento che tenevano le loro emozioni sotto controllo, c'era meno rischio di un coinvolgimento emotivo. ALAS di esser feriti.

Gabrielle non poteva negare che il brivido della caccia e nuovi rendez-vous fosse divertente.

. . .

Volere ciò che non puoi avere è un inseguimento senza fine ma senza uscita che ti da rinforzi positivi intermittenti. I su e i giù. Premio e ritiro.

Impegnata a non impegnarsi.

E a New York, stava vivendo una fantasia che non richiedeva uno sforzo necessario per una *vera* relazione. Il VicePresidente un'avventura delle vacanze e Goren, Goren, era la persona emotivamente non disponibile per eccellenza, qualcuno che "non poteva avere" perché in realtà non esisteva.

Un personaggio televisivo brillantemente interpretato. Tutto qua.

E ora, questo uomo eccezionale era nella sua vita, non riusciva neanche a trovargli alcun difetto. Era presente e si impegnava in un modo più profondo, autentico e pieno di emozione.

Mr Wonderful non aveva mai fatto promesse che non avesse mantenuto. Era lì, completamente, completamente, emotivamente e fisicamente disponibile.

Ed egli alquanto in pena
Chiamerà, chiamerà
"Piccina, mogliettina
Olezzo di verbena"
I nomi che mi dava al suo venire

Tutto questo avverrà, te lo
prometto Tienti la tua paura
Io con sicura fede l'aspetto

Mentre la canzone straziante stava raggiungendo verso la fine, una lacrima iniziò a scorrerle lungo la guancia.

"Va bene," le disse, "va tutto bene. "
    Io sono qui, e ti aspetto."

ASSAPORANDO LA LIBERTÀ

Era il fine settimana e Gabrielle stava riflettendo sulla serata fuori con Mr. Wonderful. Aveva organizzato la cena e biglietti per l'Opera per vedere Madama Butterfly, una delle sue opere preferite, per festeggiare il giorno in cui si erano incontrati.

Erano passati solo pochi mesi da allora, e le cose tra di loro si erano mosse con una velocità folgorante. Dall'incontro in strada alla prima cena/rendez-vous e all'essere nel suo piccolo gruppo sociale permesso dalle normative durante l'ultimo Covid lockdown. E dopo, non se ne era più andato.

Lui sembrava ricordare ogni momento che avevano avuto insieme: il loro primo incontro, il primo bacio, la prima volta che avevano fatto l'amore, il loro primo fine settimana insieme. E festeggiarlo.

Questo uomo straordinario nella sua vita era impegnato in un modo più profondo, autentico ed emotivo di quanto avesse mai provato. Ear pienamente e completamente disponibile, emotivamente e fisicamente.

Cercare di conoscere Gabrielle però era stato come sbucciare i molti strati di una cipolla. Questo lo riconosceva anche lei. Aveva amici da oltre dieci anni che non erano mai stati a casa sua. Aveva sempre tenuto qualcosa indietro, per se stessa. Per aprirsi davvero con chiunque è necessario un livello di intimità a cui non era abituata. E non le piaceva nemmeno. Richiedeva vulnerabilità.

· · ·

L'aroma del caffè permeava la stanza dell'hotel NoMad London. Mr Wonderful aveva pensato anche a questo dettaglio, in questo modo potevano continuare i festeggiamenti durante il fine settimana. Proprio a Covent Garden, adiacente alla Royal Opera House, nell'edificio del tribunale dei magistrati di Bow Street. Un hotel splendido.

"Buongiorno tesoro," le disse, appena tornato dal centro fitness. "Vado a fare una doccia, vuoi unirti a me?"

Dejavu.

"Ovviamente," lei rispose.

"Come stai questa mattina?" le chiese Mr Wonderful. La sua voce aveva un tono preoccupato. Gabrielle doveva fare qualcosa per rassicurarlo. La sua mente aveva vagato durante tutta la serata.

Londra - New York - Londra - New York. Un giro del mondo in una sola sera. Meglio ancora, un giro del mondo nei suoi ricordi e ritorno.

Si sentiva così in colpa.

New York era stato un passo importante nella sua vita. Il passo che, alla fine, l'aveva portata qui, oggi.

. . .

Diventare la donna che era oggi, anche se ancora un lavoro in corso.

Tre mesi in cui non aveva avuto la visione singola sulla carriera, ma si era permessa di crescere. In qualsiasi direzione. Andare a New York era stata una decisione dell'ultimo minuto dopo la fine di una relazione a lungo termine, decisione che si è rivelata una delle sue migliori fino ad oggi. Oltre a dare il suo numero di telefono a Mr Wonderful.

"Posso avere il tuo numero?"
le aveva detto, e poi la chiamò subito.

"Non ti posso già mancare; sono ancora qui,"
Gabrielle aveva commentato, stuzzicandolo.

"Voglio solo assicurarmi di avere il numero giusto. E ora hai anche il mio,"
sorridendo da guancia a guancia.
"Sei sicura che non riesca a convincerti a cenare con me stasera?"

Quella era stata sicuramente la sua decisione migliore. Ma New York era ferma al secondo posto.

Tre mesi in una città diversa, in un paese diverso, l'avevano spinta ad ulteriori riflessioni su stessa e la vita. Alla fine È vero che porti te stesso ovunque tu vada e Gabrielle aveva fatto proprio così per cominciare; aveva iniziato una breve relazione durata quasi due mesi subito dopo l'arrivo a New York.

Ma alla fine era tornata in sé.

Quindi aveva deciso di esplorare DAVVERO la città. Non solo i soliti sospetti come Central Park, la Statua della Libertà o l'Empire State Building, ma anche, per esempio, la piccola caffetteria dietro l'angolo che serviva la colazione più grande che avesse mai visto.

Entrò, da sola. Seduta senza distrazioni o barriere tra lei e il mondo, e aveva ordinato. Quello che sembrava la portata più piccola del menu.

"Una frittata con formaggio e prosciutto per favore."

Dopo un breve periodo di tempo il piatto più gigantesco di cibo arrivò al suo tavolo.

"Mi scusi" Gabrielle disse alla cameriera. "Scusi, penso che questo sia l'ordine sbagliato. Ho chiesto una frittata con formaggio e prosciutto?"

"Si, esatto," lei aveva risposto. "È proprio questo tesoro."

. . .

Il piatto era così pieno di cibo che traboccava. Dio solo sa quante uova erano state usate, probabilmente una batteria piena di galline era stata al lavoro qui. E c'erano patatine, fette di pane e tutto di più.

Gabrielle aveva faticato a finire la frittata stessa e aveva lasciata tutto il resto sul piatto.

"Cosa c'è che non va tesoro?" la cameriera sembrava preoccupata. "C'era qualcosa che non andava nel cibo? Hai lasciato la maggioranza ... Vuoi portarla via?"

"Buon Dio, no" pensò Gabrielle. "Molti più carboidrati che io abbia mai visto in vita mia."

"Non avevo tanta fame, grazie, era delizioso" disse ad alta voce e si assicurò di lasciare una mancia generosa.

Imparò anche a vagare per i vari quartieri; passeggiate lente e mirate per conoscere le differenti zone, ancor meglio, le persone. Non aveva paura di fare domande ora e di essere vista come la turista che era in realtà. O qualcuno che stava imparando. Scioccante.

Aveva smesso di vedere il VicePresidente durante il secondo mese a New York e aveva iniziato a uscire. Da sola. Cene. Teatri.

· · ·

Si era persino iscritta a una conferenza per scrittori, cosa che aveva sempre voluto fare.

Il VicePresidente non l'aveva presa molto bene. Non che avesse mai voluto perseguire una relazione a distanza, ma almeno contava di continuare la relazione fino a quando lei se ne sarebbe andata.

Durante la conferenza Gabrielle aveva incontrato molte persone, per lo più americane, un mix di scrittori professionisti, semi-professionisti, dilettanti e aspiranti. Tutti estremamente gentilissimi e cordiali. Tutti estremamente sorpresi ma solidali del suo primo viaggio da sola.

"Sei qui da sola?"

"Sì. Non sto visitando nessuno. E non avevo niente in programma, nessun posto specifico dove andare quando sono arrivata," lei spiegava con orgoglio.

Gabrielle si sentiva davvero bene con se stessa ora. Ancora meglio sapendo che tutti riconoscevano che era stata coraggiosa. Non sapevano che la parte più spaventosa del suo viaggio fino a quel momento era stata entrare in un ristorante per cenare da sola. Per la prima volta in assoluto.

Molto più difficile che viaggiare per il mondo. Le battaglie interiori sono sempre le più dure, ma le più soddisfacenti quando vinci.

. . .

E la seconda cosa più difficile era stata rendersi conto che gli uomini con cui era uscita, i loro campanelli d'allarme erano i suoi campanelli. Loro li avevano solo portati in giro per lei. E ora aveva deciso che era ora di metterli giù questi campanelli, una volta per tutte.

Tutti gli uomini con cui era uscita erano lo stesso uomo.
Erano LEI.

Erano totalmente perfetti per lei, ogni volta, perché la facevano sentire sicura in quanto, in fondo in fondo, non presentavano alcun rischio reale di essere ferita.

Gabrielle si rese conto che si era impegnata a non impegnarsi. "Questo è davvero impegno " pensò, sorridendo.

Lentamente ma inesorabilmente, nella stessa New York in cui aveva vissuto la fantasia di inseguire il detective Goren, iniziò lentamente a rompere le sue catene mentali.

"Sto bene amore, davvero bene. Mai stata meglio" Gabrielle disse sorridendo. "Penso di doverti delle scuse."

"No, non devi. Voglio solo sapere che sei OK, che noi siamo OK."

. . .

"Assolutamente," disse. "Facciamo quella doccia e poi una chiacchierata?"

"Non è uno di quei momenti in cui 'Dobbiamo parlare', giusto?" Mr Wonderful le chiese.

"No, no, no…"

"Vicario di Dibley?" disse sorridendo.

"No, no, SI…no," lei rispose sorridendo.

Dopo una lunga doccia bollente, andarono a fare una passeggiata e, proprio così, Gabrielle iniziò a parlare. Per la prima volta, parlando davvero: gli aveva raccontato di New York, del perché, del quando e del come. Gli aveva detto tutto. OK, non priprio TUTTO. Aveva omesso che aveva inseguito Vincent D'Onofrio/Goren per New York come una pazza.

"Questa cipolla ha bisogno di mantenere qualche strato" pensò. Almeno per ora.

E come la loro giornata stava volgendo al termine, le sue catene si stavano disciogliendo ancora di più; Gabrielle finalmente stava assaporato la libertà.

La libertà è un concetto inafferrabile. Alcuni uomini si mantengono prigionieri anche quando hanno il potere di fare ciò che vogliono e di andare dove vogliono, mentre altri sono liberi nei loro cuori, anche se le catene li trattengono.

-- Brian Herbert

PARTE II

LE NOTE VITE DI GABRIELLE: PER TRE SI ALLONTANA

A Parigi, uno dei miei tre amori

PARIS TOUJOURS PARIS

G abrielle si svegliò, il sole stava filtrando dalla fessura tra le spesse tende.

Erano tornati a casa dopo un lungo weekend di festeggiamenti. Festeggiando per più di una cosa.

Il giorno prima, dopo la cena e la serata all'Opera, Gabrielle aveva finalmente iniziato ad aprirsi a Mr Wonderful. Erano fuori per festeggiare il giorno in cui si erano conosciuti, un'altra delle tante sorprese di Mr Wonderful.

Lui stava ancora dormendo e lei non riusciva a smettere di guardarlo, temendo che scomparisse come un miraggio. Pensava che era così tanto fortunata.

E quanta paura aveva di rovinare anche questa relazione.

Le labbra di Mr Wonderful erano leggermente arcuate come se qualunque cosa stesse sognando lo faceva sorridere. Le sue sopracciglia folte e scure incorniciavano il suo viso virile perfettamente. Una ciocca di capelli gli copriva la fronte e aveva una solo barbetta ispida da pochi giorni senza rasatura. Profumava divinamente: un misto tra la sua colonia e i feromoni dopo il sesso. Le sue braccia erano ancora intorno a lei, non riusciva a dormire senza essere vicino a lei, pelle a pelle.

Era così bello e, dalle sue espressioni facciali, sembrava che stesse facendo un sogno perfetto.

Gabrielle giaceva lì, immobile, cercando di non respirare, di non svegliarlo. Momenti preziosi. Li amava e li assaporava. Nessuna domanda da rispondere. Solo contemplare quanto fosse fortunata. Soprattutto dopo che aveva parlato tanto, parlato tanto di se stessa. Avevano passato il giorno prima a parlare, o almeno a Gabrielle era sembrato un giorno.

Ma aveva dovuto.

. . .

Aveva passato tutto il tempo mentre erano a cena e l'Opera divagando dentro e fuori dalla sua coscienza, avanti e indietro dal suo passato. E lui se n'era accorto. Ovviamente.

Era sempre così attento. "Troppo a volte," pensava Gabrielle. Avrebbe preferito che non potesse leggerla così bene. Quello che aveva sempre desiderato era lì adesso, ma non era così facile come aveva sperato. In realtà l'intimità fa un po' schifo. Le era sempre piaciuto presentare il meglio di sé. Il meglio di sé che voleva il mondo vedesse. Essere messa a nudo era straziante.

"Ciao bella,"
disse Mr Wonderful, sfoggiando uno dei suoi sorrisi smaglianti. Denti bianchi perlati perfetti. I suoi occhi azzurri le traforavano l'anima.
"Buongiorno,"
Gabrielle fece le fusa e affondò il viso sul suo petto, cercando di non guardarlo negli occhi. Lui riconosceva che lei si era aperta abbastanza, almeno per ora, molto più di quanto fosse abituata, quindi l' abbracciò con fermezza, accarezzandole la schiena mentre le baciava la fronte.
"Ti amo,"
Mr Wonderful sussurrò: "Sempre."
Gabrielle alzò lo sguardo per un minuto e rispose:
"Ti amo anch'io, più di quanto possa dire."
"Lo so."
Rimasero ancora a letto, indugiando.
Le lenzuola spiegazzate intorno a loro.

. . .

Dopo un po' di tempo, Gabrielle si alzò e cominciò a prepararsi per la sua passeggiata mattutina. Una delle poche abitudini che aveva sviluppato durante il lockdown e che aveva mantenuto dopo aver iniziato la sua relazione con Mr Wonderful. Non puoi esattamente ascoltare affermazioni durante la notte come "Sono un Dea" quando dormi accanto a qualcuno a cui sei lontanamente interessato - o non puoi nemmeno dormire con uno di quegli aggeggi con Bluetooth, non esattamente molto sexy. Ma aveva mantenuto le passeggiate mattutine e continuato a scritto le sue pagine mattutine. Aveva iniziato a portare con sé un taccuino durante le sue passeggiate e si fermava di tanto in tanto per metter giù i suoi pensieri. Qualunque cosa le veniva in mente: tutto e di più.

Mr Wonderful era un tipo da palestra, e lei usava quel tempo per fare le sue cose.

"Tesoro, ho bisogno di scrivere dei documenti per lavoro. Ti dispiace se uso il tuo ufficio?" le chiese.

Era sempre così cortese, capiva quanto Gabrielle fosse preziosa con il suo spazio, la sua casa e le sue cose. Fra innamorarsi profondamente e il lockdown, si erano praticamente trasferiti insieme quasi immediatamente, e lui era molto cauto a non oltrepassare i suoi limiti e essere troppo familiare. Era determinato a non dare nulla per scontato.

"Non vai in palestra?" chiese Gabrielle.

"Forse dopo aver finito con il lavoro, ho una scadenza."

"OK, vado a fare una passeggiata."

"Sarò qui," rispose Mr Wonderful.

A Gabrielle aveva sempre piaciuto passeggiare, soprattutto lungo il canale. Essere vicino all'acqua, i suoni e l'odore la facevano sentire in pace e rilassata. Spesso si fermava e sedeva per scrivere le sue pagine mattutine mentre guardava il canale e la gente del posto che continuavano con la loro vita quotidiana. L'acqua immobile …

"Stai ferma e sai che io…" meditando pacificamente sul momento.

La porta si chiuse alle spalle di Gabrielle e Mr Wonderful saltò giù dal letto e fece una doccia veloce prima di prepararsi a lavorare.

Con una tazza di caffè fresco in mano, si diresse quindi verso il piccolo angolo nel posto della casa che Gabrielle aveva designato come ufficio. È lì che Gabrielle svolgeva tutto il suo lavoro, dipingendo, scrivendo e filmando per il suo canale YouTube. Un antico paravento pieghevole e laccato nascondeva l'area.

Confini definiti , "Gabrielle in due parole," pensò mentre ripiegava il paravento e si sedeva alla scrivania.

Accese il suo laptop e controllò le e-mail e poi la borsa, e poi una telefonata rapida con il suo broker per vendere e acquistare qualche titoli e azioni. La scrivania era proprio vicino alla finestra e guardava su Canonbury Square e sui giardini Canonbury.

Si ritrovò a pensare.
    Pensare e chiedersi quanto si fosse innamorato di lei e quanto velocemente.

· · ·

Come era entrata nella sua vita di punto in bianco. Non aveva mai incontrato nessuno prima così incantevole, coinvolgente e sfuggente allo stesso tempo.

Le sue relazioni a lungo termine precedenti erano sempre state in secondo piano rispetto ai suoi affari e interessi personali: le automobili, le corse e volare. E adesso, l'unica cosa che voleva era Gabrielle.

I suoi grandi occhi castani lo avevano affascinato fin dal primo momento; il suo profumo lo sedusse e la sua voce lo finì completamente.

Ma, soprattutto, erano la sua dolcezza e vulnerabilità che si nascondevano dietro la facciata forte e tosta.

Sì, era bellissima, quasi ipnotizzante, mo lo era ancora di più perché lo sdrammatizzava e per la sua autoironia. Non si rendeva neanche conto pienamente dell'effetto che aveva sugli uomini, o su di lui. Quando lei entrava in una stanza…

"Oh mamma, mi sono innamorato proprio," pensò.

"Ho bisogno di carta. Dove tiene la carta da stampa?" si chiese.

Guardò in alcuni cassetti dello squisito mobiletto francese di Gabrielle che usava come scrivania.

"No,"penne, evidenziatori, matite, pennelli ma niente carta. "Ah, eccola qui," disse dopo aver aperto l'ultimo cassetto.

· · ·

Mentre tirava fuori il foglio dal cassetto, notò qualcosa che sembrava un biglietto piegato. Forse qualcosa che Gabrielle aveva scritto di recente...

"Non dovrei guardare," pensò, ricordandosi quanto lei fosse riservata.

Ma la lettera stuzzicava la sua curiosità, lo chiamava e lo tentava a leggerla. Per ore aveva resistito e proseguito a lavorare. Ma non riusciva a concentrarsi, era distratto. La lettera continuava a tornargli in mente.

Poi, alla fine, aveva ceduto; preparò un'altra tazza di caffè, si sedette e aprì la nota invitante.

"Ma chérie Gabrielle, n'aie pas peur de combien je te désire."

Il francese di Mr Wonderful era arrugginito, ma poteva capire alcune parole fondamentali come *"désire"*. Cercò Google Translate sul suo laptop e digitò le parole con apprensione.

"Cara Gabrielle, non aver paura di quanto ti desidero," leggeva la prima riga.

Il suo cuore stava sprofondando e stava pure andando fuori di testa.

"Quando è stata scritta? Dov'è la data? Non c'è data in questa lettera," pensò.

· · ·

Si maledisse per non aver prestato più attenzione alle lezioni di francese a scuola e per non aver fatto pratica con Gabrielle. Il processo di tradurre frase per frase con Google era straziante. Così lento.

La mente di Mr Wonderful stava giocando con il suo cuore quando notò che Gabrielle era proprio lì, guardandolo mentre la guardava, la lettera aperta nelle sue mani.

Gabrielle non poté fare a meno di notare la sua espressione; il colore era svanito dal suo viso.

Era sparito lo sguardo amorevole che aveva prima. Invece adesso Mr Wonderful sembrava impassibile, quasi pietrificato; i suoi occhi erano rossi e gonfi.

"Ha pianto?" lei pensò. "Cosa sta leggendo?"

Fu allora che notò il cassetto aperto dove teneva LA famosa lettera. Le PDG la scrisse quando temeva che la loro storia d'amore fosse destinata a finire, e presto.

Paris, Toujours, Paris continuava a tormentarla.

Dopo il sabbatico a New York, Gabrielle si era sentita rinvigorita con una nuova prospettiva sulla vita. Nell'ultimo mese nella

Grande Mela, aveva lavorato a fondo su se stessa e fatto un po' di introspezione.

Gabrielle aveva sempre evitato di andare troppo in profondità in qualsiasi cosa: relazioni, se stessa, la vita. Non era mai riuscita a capire come si fosse sempre fermata sull'orlo della grandezza, sull'orlo di successo enorme.

Succedeva sempre qualcosa, in qualche modo, e lei non riusciva a vedere lo schema. Ma ora, tutto sembrava così dolorosamente chiaro. Troppo doloroso. Gabrielle aveva così tante difese e strati che non si limitava a proteggere se stessa dal mondo. Si stava tenendo lontana dal mondo.

Dopo essere tornata a Londra in luoghi familiari, tutto però sembrava molto diverso. Si ricordava di essere come fuggita dal suo villaggio natale e di arrivare a Londra solo per confinarsi in un altro "villaggio," uscendone a malapena. Una gabbia autoimposta aggiornata, in cui adesso si sentiva claustrofobica.

Gabrielle era tornata al lavoro e era pronta per nuove sfide. Il lavoro era sempre stato la sua certezza, dove i suoi successi parlavano da soli con la sua identità saldamente basata su di essi. Il lavoro era stato la sua vita.

Il suo telefono squillò.

"Ti sei divertita?"

Il suo Direttore Generale le chiese.

"Sì, grazie, super!"

Lei rispose.

"Fai l'americana con me adesso?"

Sorrise. "Ti posso vedere quando hai un minuto?"

"Certo, ho uno spazio nel mio programma dopo pranzo. Sheryl ha già pianificato la mia vita per il prossimo decennio," Gabrielle aggiunse.

"Sì, la tua assistente è molto efficiente. Dopo pranzo va bene."

Gabrielle si era aggiornata sulle sue e-mail e aveva letto il riepilogo degli avvenimenti nell'azienda preparato per lei. Sheryl aveva controllato periodicamente l'e-mail mentre Gabrielle era via e le aveva deviate al membro appropriato del suo team.

"Cosa farei senza la mia Sheryl?" lei disse.

Dopo aver esaminato l'ultimo rapporto sulla loro quota di mercato e essersi preparata per gli incontri pomeridiani, Gabrielle si era presa un po' di tempo per far pranzo. Avrebbe potuto facilmente incontrare il Direttore Generale in quell'ora, ma la sua assistente aveva bloccato il tempo intenzionalmente, in modo che potesse prendersi cura di se stessa, mangiare correttamente e non limitarsi a ingoiare qualcosa mentre parlava di lavoro. Si stava comportando ogni giorno di più come sua madre.

Toc, toc …

"Entra", il Direttore rispose. "Caffè?"

"Sì, per favore," disse Gabrielle.

"Quando eri a New York, sono avvenuti molti cambiamenti, alcuni traslochi, alcune persone se ne sono andate," iniziò, schiarendosi la voce.

"Sì, lo so; Sheryl mi ha aggiornato. Ho visto l'annuncio della partenza. Interessante," lei rispose.

"Solito annuncio in questo tipo di casi", sottintendendo che questa, in particolare, non era stata un'uscita volontaria.

"Beh, con tutti questi cambiamenti," proseguì, "adesso ci sono posizioni vuote, sai... opportunità," disse guardando Gabrielle intensamente .

"Immagino di sì," lei disse. Non aveva ancora capito.

"Cos'hai?" le chiese. "Cos'è successo a New York? Avresti bussato alla mia porta. Per la miseria, avresti buttato giù la mia porta prima per parlarmi di opportunità per te."

Gabrielle strizzò gli occhi per capire di cosa stava parlando.

"Beh, non importa. C'è una posizione permanente che si va aprire a Parigi, lavorando con il consiglio di amministrazione principale del Gruppo e *Le PDG*.

Ma il ruolo ha sede in Francia. Cosa ne pensi?"

Gabrielle era contenta di essere tornata al lavoro e nel suo elemento ma, per una volta nella vita, non aveva ancora pensato o pianificato la sua prossima mossa. Almeno non ancora.

"Amo Parigi. Sembra una posizione interessante. Ho appena comprato casa a Londra,"

disse incerta, pensando che un trasferimento definitivo in Francia non fosse esattamente quello che aveva previsto.

"Tu sai che l'azienda aiuta con il trasferimento, la ricerca di un posto e così via..."

"Sì, lo so."

"Allora, cosa ne pensi?" ripeté.

Gabrielle sapeva che se volevi davvero fare carriera nell'azienda, dovevi andare a gestire l'acquisizione e l'integrazione di nuove società nel Gruppo organizzandole *alla francese*, e lavorare in Francia. Almeno per un po'.

Erano le regole non dette. Insieme con l'altra regola non detta che tutti i direttori di società in tutto il Gruppo devono parlare francese.

Sebbene l'inglese fosse la lingua commerciale del gruppo, se ti incontravi con *Le PDG* o presentavi a lui e al Consiglio, lo facevi in francese.

"Se sei interessata, fanno i colloqui la prossima settimana a Parigi. Primo, secondo e terzo colloquio tutti nello stesso giorno."

"Per ratificare?" chiese ma non proprio.

"Sì, esatto. Per ratificare."

Gabrielle conosceva bene la cultura francese nei luoghi di lavoro e la politica che ne deriva. Era stato il fattore di differenziazione che le aveva ottenuto il suo posto: quello e il fatto che fosse bilingue. Gabrielle lavorava come direttrice marketing e relazioni pubbliche per la filiale del gruppo nel Regno Unito, la figliale ribelle per così dire.

La Francia voleva che la filiale del Regno Unito fosse gestita alla francese, ma il Regno Unito non ne voleva sapere. Avevano bisogno di un intermediario per colmare il divario culturale.

"Perché non te ne vai allora?"

Gabrielle aveva detto una volta durante una riunione del consiglio di amministrazione nel Regno Unito a uno dei suoi colleghi, il direttore delle vendite.

Tutti si voltarono a guardarla, stupiti che lo avesse detto ad alta voce.

Il direttore delle vendite era uno scozzese di mezza età che aveva lavorato per l'azienda per vent'anni; dieci prima che la società fosse acquisita dal gruppo francese.

In dieci anni, nonostante le lezioni, non riusciva ancora a mettere insieme due frasi in francese. Gabrielle aveva perso la sua pazienza (francese) con lui.

Non si sentiva apprezzato, bla bla bla... i Francese questo, bla bla... i Francese quello, bla bla bla...

"Se non ti piace, perché non te ne vai?"
aveva ripetuto.

"Al giorno d'oggi, le aziende dovrebbero riconoscere i propri dipendenti," continuava a lamentarsi.

"Non sei un dipendente. Sei un direttore. E questa non è la cultura della compagnia ! Questa è un'azienda francese. Più diretta, *combattiva* e con molto meno addolcimento della realtà . Ci si aspetta che tu hai successo. È un po' come quando a scuola i genitori incontrano l'insegnante dei propri figli per sapere come vanno. L'insegnante non canta le lodi del bambino e non dice nemmeno alla madre quanto meraviglioso è suo figlio.

Non, l'insegnante indica ciò che il bambino non sta facendo bene. Perché ci si aspetta che facciano bene entro i confini della loro fascia di età. Come ci si aspetta che tu vada bene in un lavoro per cui vieni pagato profumatamente. Non verrai elogiato per questo anche. Fattene una ragione."

Tutti la guardarono come se avesse appena fatto una rivelazione significativa.

"Scusate tutti, ma è così che stanno le cose."

· · ·

Gabrielle era più francese dei francesi quando era a Londra e più inglese degli inglesi quando era in Francia.

La politica e tutti i sicofanti con cui *Le PDG* lavorava era qualcosa a cui avrebbe dovuto abituarsi abbastanza in fretta.

Il Consiglio di Amministrazione del Gruppo era un misto di vecchi compagni di scuola del *PDG* o persone che avevano scalato i ranghi da quando suo padre era alla direzione della compagnia.

Lui aveva cresciuto l'azienda da una piccola società artigiana nel nord della Francia a una delle più importanti del paese, e ora, *Le PDG* l'aveva ampliata a livello globale, acquistando una media di una o due società all'anno, ogni anno.

Era la la prima volta che Gabrielle andava a presentare in fronte al *PDG* nella sua nuova posizione e voleva impressionarlo.

Aveva fatto ricerche sull'argomento e preparato statistiche e cifre a sostegno della strategia che proponeva. La sua presentazione era in inglese, ma tutti i documenti annessi le erano in francese e lei presentava in francese. Si era anche vestita elegante per l'occasione: più femminile di quanto avrebbe fatto a Londra, ma sobria, lasciando che fosse la sua mente a parlare.

L'ufficio era dentro *Tour Montparnasse* con una vista spettacolare della *Tour Eiffel*. La stanza era stata allestita in uno stile per una presentazione tradizionale con *Le PDG* posto proprio al centro del tavolo, i suoi consiglieri più stretti a ciascun lato, e poi in ordine di importanza e vicinanza alla sua cerchia interna. Lui era noto in azienda per fare molte domande; la regola non detta per chiunque si presentasse a lui era "conosci le tue cifre o subisci le conseguenze."

"Un po' drammatico," lei pensò, ciononostante memorizzò tutte le figure e gli annessi. Per ogni evenienza.

Le PDG era poco più che quarantenne e guidava l'azienda da almeno dieci anni, unico azionista di una società privata ormai multimiliardaria.

Era alto e snello, portava occhiali tartaruga appoggiati sul suo lungo naso aquilino. Aveva i capelli color topo, con un accenno di grigio che gli attraversava le tempie.

Era notoriamente riservato, così tanto che non c'era nessuna foto di lui in circolazione, con grande sgomento della stampa francese.

Il suo anonimato gli permetteva di viaggiare tra *Londrienne* e Parigi sul TGV da solo, inosservato.

Le PDG fissò Gabrielle intensamente mentre lei entrava nella stanza. Gabrielle aveva inviato copie della sua presentazione e del materiale collaterale in anticipo e si aspettava una grigliata.

E ne aveva avuta una.

L'aveva interrogata per ore, l'unico a fare domande. Tutti gli altri annuivano, con obbligatori "*Oui, oui*" rumori di tanto in tanto.

Gabrielle rimase lì, con aria di sfida, rispondendo a ogni domanda senza esitare. Aveva memorizzato ogni pagina e ogni cifra e aveva cercato di anticipare ogni domanda che lui potesse avere. Era un duello - un duetto ipnotico a cui stavano giocando. I suoi occhi non lasciarono mai una volta i suoi. Come a penetrarli. E alla fine"*Bon.*" E la riunione era finita.

Quando tutti iniziarono ad alzarsi e lasciare la stanza, le disse: "Andiamo a pranzare adesso. Ti va di unirti a noi?" Gabrielle si era chiesta se questo succedesse sempre, ma non era il momento di fare domande. *"Oui, merci,"* rispose.

Uscirono tutti insieme e discesero in l'ascensore per quella che sembrò un'eternità.

L'ufficio dell'azienda si trovava al 55° piano, appena sotto il ponte di osservazione del 56° e il giardino pensile del 59°. *Le PDG* era in proprio vicino a lei, torreggiando su di lei. Era intento a conversare con uno degli altri, ma lei poteva sentire il calore del suo corpo.

La discesa era stata lunga, con soste su quasi tutti i piani. E con l'arrivo di più persone, l'ascensore sembrava sempre più stretto. E *Le PDG* sempre più vicino.

Come stavano uscendo dall'edificio, lui iniziò a camminare accanto a lei e a parlare del più e del meno con nonchalance. Poi erano andati a pranzo in uno dei ristoranti della zona. Si sedette accanto a lei e dopo si mise a parlare con tutti al tavolo tranne Gabrielle.

Lei fece lo stesso.

Mentre tutti chiacchieravano, le loro braccia si toccarono, all'inizio, occasionalmente e involontariamente.

Poi, mentre il pranzo procedeva, sempre di più. Gabrielle si guardò intorno per vedere se qualcuno al tavolo stava prestando attenzione, ma tutti sembravano ignari e immersi nell'esperienza gastronomica.

Al rientro in ufficio, Gabrielle andò nel bagno per ricomporsi
"Cosa stai facendo? Lui è IL capo, ed è sposato,"
disse, guardandosi allo specchio.
"Niente, non sto facendo niente. Era solo pranzo. Non significa niente, non è successo nulla."
Ma era successo. E significava davvero qualcosa. Tutto capitolò da lì.

La volta successiva che si incontrarono era stato a una degustazione di una nuova linea di prodotti. Una stanza piena di gente, ma potevano solo vedersi. Erano inevitabilmente attratti l'uno dall'altro, ognuno cercando di superare le loro fallacie e le incongruenze che la situazione poneva a entrambi.

Gabrielle si ricordava ancora com'era stato scoprire di essere l'altra donna con Lo Stallone. Si era sentita male fisicamente.

E *Le PDG* era un bravo ragazzo cattolico che era stato sposato per gli ultimi vent'anni con la sua amata dall'infanzia. Viveva a

Parigi, dal lunedì al venerdì, e tornava a *Londrienne* per trascorrere il fine settimana con sua moglie e i loro tre figli.

Parigi non era per lei, la moglie; aveva vissuto nella piccola cittadina per tutta la sua vita e non aveva mai voluto andarsene. Parigi era troppo per lei.

Le piaceva la vita tranquilla, incontrarsi con le sue amiche per pranzo mentre i bambini erano a scuola. Lui era la sua sicurezza e convalida.

Tutti in città, in un modo o nell'altro, erano legati alla compagnia di suo marito, e lei si dilettava in ciò.

Lui invece aveva sempre voluto viaggiare e conquistare il mondo, e il suo lavoro glielo aveva permesso. E aveva preso il mondo d'assalto; nessuno aveva creduto che potesse portare avanti l'azienda quando suo padre morì, anche meno renderla globale da molti miliardi di euro. Si era anche sposato giovane perché era previsto che lo facesse; le loro famiglie intrecciate. E lei era una brava moglie. Meglio ancora, era leale e invisibile.

Gabrielle, d'altra parte, era tutto ciò che lui voleva. Ugualmente motivata e intraprendente in continuazione.

La voleva ma non era sicuro al cento per cento che lei avrebbe ricambiato. Pensava che ci fossero tutti i segni, ma lei era un enigma.

Gabrielle era ugualmente attratta, come la falena dal fuoco, ma non era del tutto sicura che lui la volesse abbastanza da fare qualcosa al riguardo. Ed era sposato.

Così avevano iniziato la loro danza, studiandosi a vicenda, come in un tango argentino.

E poi un giorno, tutto cambiò.

"Buongiorno Madame, *Le PDG* vuole esaminare con lei la nuova strategia e il bilancio; ha un'apertura nel suo diario per domani alle 4:00", la sua assistente esecutiva le disse per telefono.

"Dovrò spostare una riunione," disse Gabrielle.

"Per favore, lo faccia," rispose.

Gabrielle era nervosa e aveva riguardato la sua presentazione e le cifre, chiedendosi cosa c'era che non andava. Le era sembrato che fosse piaciuta a tutti e la decisione di proseguire con le raccomandazioni era stata presa. Aveva passato il resto della giornata a esaminare le informazioni più e più volte e poi durante la sera e anche il giorno successivo. Si era appena trasferita a Parigi e si stava ancora abituando al suo nuovo ruolo.

L'ora della riunione era arrivata quando l' assistente aveva chiamato per dire che sarebbe stato in ritardo; la riunione precedente si era protratta. Gabrielle prese il suo tempo per ricomporsi e fare un rapido ritocco con un po' di fard e un velo di rossetto, proprio come se si fosse appena morsa le labbra.

Le 4.30 passarono.

Erano le 4:45 quando l'assistente la chiamò.

· · ·

"Per favore, siediti,"le disse mentre le mostrava la sedia dall'altra parte della sua scrivania. "Scusa il ritardo."

"Va bene," lei disse e non riuscì a pensare ad altro. Non poteva certo dire di essere incazzata per aver aspettato quasi un'ora. Avevano iniziato a esaminare le cifre per il budget e la messa in fase di quelle cifre e il tempo sembravano passare rapidamente quando qualcuno bussò alla porta.

"Monsieur, vado a casa. Ha bisogno di niente?" la sua assistente disse.
"No, va tutto bene, grazie. Buona serata."

Gabrielle non si era accorta che stavano parlando da più di due ore, e adesso erano quasi le sette di sera, ed erano gli unici rimasti in ufficio
Si alzò e stava in piedi vicino alla finestra, guardando la Tour Eiffel illuminata.
Gabrielle rimase in silenzio, senza sapere bene cosa fare o dire.
"Puoi vedere gran parte di Parigi da qui. Bello, vero?"
Lui disse, voltandosi a guardarla.
"Sì,"
Lei rispose, pensando a quanto fosse banale la sua risposta: '"
Sì, lo è."
Non avrei potuto dire qualcosa di più interessante?

Voltò di nuovo le spalle e continuò a guardare fuori. Non era sicura se quello fosse un invito a unirsi a lui. Decise che lo era. Non sembrava voler tornare e continuare a parlare di affari.

· · ·

Iniziò a camminare lentamente verso di lui, incerta se fosse la cosa giusta su molti livelli. Mentre avanzava, lui si voltò e la guardò intensamente, assaporando ogni suo movimento.

Oggi era il giorno; non riusciva più a trattenere i suoi sentimenti. Doveva sapere se lei provava lo stesso. Adesso.

"Sei bellissima," Disse, pensando a quanto si stesse rendendo stupido e vulnerabile in quel momento. Lei poteva reclamare. Peggio ancora, poteva rifiutarlo. Ma non poteva aspettare un altro minuto. Doveva sapere.

"Non sono riuscito a smettere di pensare a te; volevo vederti da sola. Scusami per averti fatto lavorare fino a tardi," sussurrò.

Gabrielle non sapeva come reagire. La femminista in lei avrebbe dovuto provare almeno un po' di indignazione, ma non la provava. La moralista in lei avrebbe dovuto essere ripugnata, ma non lo era. Invece voleva solo...

E poi la baciò. Per cominciare, lentamente e delicatamente. La sua fronte, le sue guance e poi la sua bocca. Un momento sospeso nel tempo. O così sembrava. Ore passate a baciarsi. Uscirono in fine dall'ufficio verso le nove. La accompagnò a casa, fino alla sua porta, e le diede il bacio della buonanotte.

. . .

Gabrielle non riuscì a dormire quella notte. Lui aveva oltrepassato le sue barriere ed era andato dritto al suo nucleo. Si girò e rigirò e poi guardò il sole sorgere.

Era eccitata di andare al lavoro e aveva prestato particolare attenzione a prepararsi e si era sorpresa a quasi saltellare sul marciapiede.

Gabrielle non vedeva l'ora di vedere *Le PDG* un'altra volta. Quando arrivò in ufficio, la porta del suo ufficio era chiusa e la luce era spenta.

"Strano," pensò.

Passarono ore e niente.

Nessun segno del *PDG*.

Di sfuggita aveva imparato che stava viaggiando fuori dal paese per acquistare un'altra compagnia e che non sarebbe tornato prima della settimana successiva. Gabrielle si sentì arrossire e dovette andare a riprendersi in privato.

"Che stupida, stupida, pensavi che te lo avrebbe detto?"

Disse, guardandosi allo specchio.

Ciò nonostante, le lacrime iniziarono a riempirle gli occhi. Ci mise un po' di tempo prima di tornare alla sua scrivania e poi chiuse la porta per il resto della giornata.

La settimana trascorse lentamente e senza incidenti. Gabrielle stava ancora decorando il suo nuovo appartamento parigino. Aveva deciso di non vendere la sua casa londinese e faceva il pendolare ogni fine settimana. Tornare a Londra era proprio quello di cui aveva bisogno in quel momento; non poteva affrontare da sola il suo appartamento vuoto di Parigi.

. . .

La settimana successiva arrivò e la sua agenda era piena di incontri con vari membri del consiglio, altri direttori e *Le PDG* .

Non poteva fare a meno di sentire la rabbia e il risentimento crescere, adesso la genetta era uscita dalla lampada, e stava lottando per rimetterla dentro.

Si erano visti diverse volte con altre persone, lei lo aveva sorpreso a fissarla quando gli altri non stavano guardando.

Tuttavia, non aveva fatto nessuno tentativo per contattarla fuori dal lavoro o vederla da sola. Gabrielle pensava di aver delirato, di essersi immaginata tutto, finché…

Finché non si erano incontrati di nuovo. Questa volta da soli.

"Come stai?" Le chiese.

"Bene,"

Rispose severamente: "Come la posso aiutare?"

Come se non fosse successo niente. Ma era successo. Si avvicinò sempre di più finché i loro corpi non si toccarono.

"Mi sei mancata," disse

"Non volevo che mi mancassi. Stavo cercando di non provarlo. Ma non sono riuscito ", le sussurrò nell'orecchio.

"Ti sono mancato?"

"No"

"Nemmeno un po?"

Iniziò a baciarla. "Gabrielle, piccola, dì qualcosa."

Voleva respingerlo ma non poteva resistergli. Lei ricambiò il bacio. Ben presto furono uno sopra l'altro, sulla sua scrivania, vicino alla finestra. Aveva chiuso la porta a chiave, ma in verità tutti sapevano meglio che disturbare quando lui era in riunione.

. . .

Da quel momento in poi, avevano afferrato ogni momento che potevano. Dovunque a dappertutto durante il giorno. E la sera, cucinando e facendo l'amore nel suo appartamento.

Si volevano così tanto che faceva male.

La loro passione era un' affermazione spettacolare di due menti che lottavano per superare le loro incongruenze e l'incapacità di soddisfare costantemente i loro bisogni fondamentali in un modo che fosse in linea con i loro valori.

Lei aveva violato il suo compasso morale e ora tornava a perseguitarla.

Paris Toujours Paris.

"PARIGI È SEMPRE UNA BUONA IDEA"
- **AUDREY HEPBURN**

IO ME STESSA E NOI

G abrielle era lì in piedi, in fronte a Mr Wonderful, lo guardava mentre la guardava. Era seduto alla sua scrivania vicino alla finestra con una lettera spiegata tra le mani.

Sparito era lo sguardo amorevole che aveva quando lei era uscita per la sua passeggiata.

Il colore era svanito dalle sue guance. Invece, il suo viso era come di pietra e quasi ombroso; i suoi occhi erano rossi e gonfi.

Non riusciva a capire cosa fosse successo in così poco tempo quando all'improvviso notò il cassetto aperto dove teneva LA lettera che le aveva scritto *Le PDG*.

Prima di incontrare *Le PDG*, Gabrielle era una ragazza provinciale della classe media che, contro ogni previsione, aveva avuto successo nel mondo del lavoro oppressivamente dominato dagli uomini.

L'aveva aperta a una libertà sessuale ed emotiva che non aveva mai provato prima.

Ma, questa volta, lei era l'altra donna, infrangendo i suoi valori per soddisfare i suoi bisogni.

Dopo il suo viaggio a New York, Parigi aveva promesso più libertà.

Invece, aveva sollevato più legami da spezzare.

"Cara Gabrielle,

Non aver paura di quanto ti desidero. La prossima volta che ti vedrò, ti farò scudo con il mio amore, con baci e carezze.

Voglio immergermi con te in tutti i piaceri della carne da farti svenire.

Voglio che tu sia sbalordita da me e ammetti che non hai mai sognato che una cosa del genere fosse possibile...

E poi, quando sarai anziana, voglio che tu ricordi e tremi di piacere quando pensi a me.

Mi ecciti e m'infuochi più dell'inferno... tutto quello che fai mi eccita.

Hai suscitato in me nuove speranze e gioia e io ti amo, amo la peluria della tua figa che ho sentito con le mie dita, l'interno della tua figa, calda e bagnata che ho sentito con le mie dita...

Tutta questa follia ho chiesto a te, so che c'è confusione nel tuo silenzio - ma non ci sono parole reali per descrivere il mio grande amore...

La scorsa notte ti ho sognato; non so cosa sia successo esattamente. Quello che so è che continuavamo a fonderci l'uno nell'altro. Io ero te. Tu eri me.

Poi abbiamo preso fuoco. Ricordo che stavo spegnendo il fuoco con la mia camicia. Ma eri un diversa, un'ombra, come disegnata con il gesso, ed eri senza vita, svanendo da me.

Per favore, non lasciarmi, mia cara Gabrielle. Non sono niente senza te."

Le sue guance diventarono di un rosso vivo, non sapendo cosa dire. Mortificata sperava che non avesse letto fino a quel punto o che non riuscisse a capire bene cosa dicesse la lettera.

Dopotutto, il francese di Mr Wonderful era piuttosto di base ...

. . .

Tuttavia l'espressione sul suo viso diceva diversamente: in qualche modo, ci era riuscito e senza dubbio aveva capito il senso della lettera. Era seduto lì, immobile e senza parole. Non la salutò né la abbracciò come faceva di solito.

Sapeva di essere nei guai. Parigi, sempre Paris continuava a tormentarla.

Le PDG le scrisse quella lettera quando temeva che la loro storia d'amore sarebbe finita presto.

Era successo subito dopo la conferenza annuale sulla strategia globale in *Londrienne*.

Tutti i consigli di amministrazione delle diverse società in tutto il mondo partecipano alla riunione come consuetudine. *Le PDG* aveva mantenuto lì la sede centrale dell'azienda, proprio dove l'aveva fondata il nonno.

Il Gruppo aveva ormai raggiunto una proporzione così colossale che stentavano a trovare camere per tutti negli unici tre alberghi della cittadina.

Molti alloggiavano nelle città adiacenti, e bisognava predisporre degli autobus per trasportare le persone avanti e indietro dalla conferenza per i tre giorni. Lo stesso si poteva dire per i taxi: ce n'erano solo due di proprietà privata in città e la suo assistente personale ne aveva prenotato uno in anticipo per assicurarsi che potesse spostarsi senza problemi.

"Bonjour Madame," la salutò il tassista. *"Nous sommes occupés, très occupés. Tout le monde et sa sœur sont venus au Vatican pour voir le Pape,"* aveva detto sorridendo, facendo il paragone tra azienda e *Le PDG* e la Città del Vaticano e il Papa.

Questa cittadina le ricordava la sua infanzia: la sua *Mamie* era francese e aveva una casa in un paesino della Provenza.

Così Gabrielle e i suoi genitori trascorrevano lì ogni estate. Sebbene le due cittadine fossero in direzioni opposte, una nel nord e l'altra nel sud della Francia, le somiglianze erano sorprendenti, come con la maggior parte dei piccoli posti francesi.

L'amore per una lunga pausa di metà pomeriggio e per un ritmo di vita più lento è forse uno dei motivi per cui vivere in Francia sembra idilliaco a tutti coloro che, fuori dalla Francia, vogliono lasciarsi alle spalle la frenesia della città.

Il sobborgo minuscolo, tuttavia, faceva sentire Gabrielle ancora più piccola. Lo aveva sempre fatto.

"A pensarci bene," pensò, "lo stesso si potrebbe dire per il posto in cui sono cresciuta in Inghilterra."
Paese diverso, stesse restrizioni.

. . .

Quando si era trasferita a Londra, era stato come fare a brandelli una pelle troppo aderente.

Era contenta che il suo ruolo fosse a Parigi piuttosto che *Londrienne*. C'erano solo 10.000 abitanti, un cinema e un teatro: sarebbe impazzita a vivere lì. Inoltre, tutti conoscevano tutti; la maggior parte delle persone in città lavorava per l'azienda o era collegata ad essa.

Quando era piccola, Parigi era la città dei suoi sogni, e ora apprezzava fare la pendolare tra Londra-Parigi dal lunedì al venerdì.

C'erano alcuni vantaggi decisivi nel vivere a Parigi: per esempio, anche con stipendi base, puoi permetterti di mangiare *chich cafes*, provare nuovi piatti e chiacchierare per ore, uno stile di vita da champagne con un budget da limonata, per così dire.

Stava affittando un monolocale nel centro di Parigi, a pochi minuti dalla *Gare du Nord* stazione ferroviaria.

Si affacciava su dei nuovi ristoranti alla moda in città, uno di quelli con divani e tavoli tutti di stile diverso, tavoli da ping-pong, opere d'arte stupende e un cortile impressionante. Gabrielle poteva osservare dalla sua finestra il via-vai degli hipster parigini mentre cucinava.

L'appartamento era bellissimo con finestre da pavimento a soffitto e pareti bianche, ma con un affitto più economico di

Londra, che contribuiva ad assorbire il costo del viaggio settimanale fra le due città .

Ogni lunedì mattina si alzava alle 6 del mattino a Londra per prendere il treno delle 7 per Parigi.

Aveva scoperto che, prenotando i biglietti dell'Eurostar con tre mesi di anticipo, poteva ottenerli a 69 euro per andata e ritorno, non molto di più del doppio di una carta di viaggio settimanale a Londra.

Arrivava alla *Gare du Nord* subito dopo le 10.30, e dopo pochi minuti sul *Metro*, era in ufficio.

Dal lunedì al giovedì notte, rimaneva nell'appartamento di Parigi e lì teneva il suo guardaroba da lavoro per risparmiare a portare dei bagagli. Venerdì pomeriggio era pronta per tornare alla vita londinese.

A differenza della metropolitana, nessuno ti spinge per sorpassarti sul *Metro*, in più sembrava anche di funzionare sempre. Essere stressati e affrettati non è tipico di Parigi. Invece, ti prendi del tempo per ammirare i dintorni e assaggiare il tuo *café crème*.

Tutto considerato, Gabrielle era stupita di quanto fosse stato semplice questo modo di organizzarsi. Sua madre era sconvolta dal fatto che fosse ancora più lontana, mentre suo padre, molto più rilassato, era felice qualunque cosa stesse facendo.

· · ·

I suoi amici londinesi lo trovavano più difficile perché aveva poco tempo da trascorrere insieme.

Vivere in due città non sarebbe stato difficile se non fosse stato per *Le PDG* .

Aveva viaggiato da Parigi con il *TGV* per la conferenza globale annuale; molti altri avevano fatto lo stesso.

IL *TGV*, anche in prima classe, era sorprendentemente economico rispetto ai prezzi dei biglietti ferroviari nel Regno Unito. In questo tragitto sembrava come se la compagnia avesse preso il controllo del treno.

Gabrielle aveva lavorato a stretto contatto con le varie persone che organizzavano l'evento per mesi, parte della sua nuova strategia di branding. Tutto era pianificato al millisecondo.

Era ansiosa di vedere *Le PDG* con tutti lì.

Si era esercitata in fronte allo specchio per apparire seria e professionale perché non si fidava di se stessa. Dei suoi sentimenti per lui. E sua moglie sarebbe stata lì. Pure i suoi figli vanno a attendere la cena informale.

Gabrielle stava cercando di non pensarci.

E poi era successo, proprio così.

Stava esaminando i dettagli dell'ultimo minuto con il team degli eventi nella sala riunioni principale quando aveva sentito il bisogno di voltarsi.

Erano lì: *Le PDG* e sua moglie.

Le stava mostrando in torno, spiegandole l'ordine del giorno e della sera, cercando di metterla a suo agio. Ma, ovviamente, lei doveva mantenere le apparenze, la moglie doverosa e solidale dell'abbagliante *Président* della compagnia.

Nathalie era alta, snella e bionda, con capelli lunghi lisci, vestita in maniera troppo antiquata per la sua età. Si erano innamorati da ragazzini, e lei aveva solo poco più di quarant'anni.

Le PDG notò che Gabrielle era lì e si mosse verso di lei per presentarle. Non voleva, ma doveva. Aveva appena presentato *Nathalie* a tutti gli altri nella stanza e non poteva evitare Gabrielle.

"Piacere di conoscerla" disse *Nathalie* in un affascinante inglese accentato.
Le due donne si strinsero la mano. La sua presa era ferma, risoluta come a dire,
'So chi sei e non farà alcuna differenza. Non mi lascerà mai.'

· · ·

Forse lo sapeva, o forse era la paranoia e la gelosia di Gabrielle. Non aveva il diritto di sentirsi gelosa. Era l'amante.

"Che differenza rispetto a prima..." pensò.

Aveva scoperto di essere l'amante sei mesi dopo che si era lasciata con Lo Stallone, dopo essersi imbattuta in un sito web di beneficenza che mostrava la foto di una coppia che aveva avuto un evento di raccolta fondi di grande successo-
Lo Stallone e la sua ragazza.

Il problema era che quell'evento era avvenuto quando Gabrielle e Lo Stallone erano, presumibilmente, ancora insieme.

Era stata l'altra donna, inconsapevolmente e controvoglia.

Gabrielle si era sentita N-A-U-S-E-A-T-A e era stata seduta nella sua vasca da bagno per ore, strofinando e strofinando finché non si sentì pulita e un pochino meglio.

Era così arrabbiata che aveva persino sognato di ucciderlo un paio di volte nel modo più doloroso, per poi accontentarsi di tagliargli il cazzo.

Ma, QUESTA volta, era l'altra donna, consapevolmente e volontariamente.

· · ·

E stava provando gelosia come mai prima. Questa volta invece sognava di uccidere la moglie. Non lui. Mai lui. L'aveva fatta sentire viva come mai prima d'ora.

Prima di lasciare la stanza, avevano parlato ancora un po' dell'ordine degli eventi. Dopodiché, il resto della giornata era come sfocato nella sua memoria. Gabrielle aveva funzionato come con pilota automatico.

Non aveva visto Le PDG nuovamente fino a sera, a cena. Aveva fatto particolare attenzione nel prepararsi per la serata, senza fretta; voleva impressionarlo.

Fagli capire che era lei la sola e unica.

Aveva scelto un tubino nero che accarezzava il suo corpo in tutti i punti giusti, rivelando il suo fisico snello ma sinuoso.

"Sei la ragazza magra più formosa che abbia mai visto," le disse una volta. "Amo il tuo culo."

Era un amante del sedere, senza dubbio, sedere.

L'abito metteva in mostra gli attributi migliori di Gabrielle, come l'incastonatura di un diamante che ne esaltava la brillantezza senza essere troppo.

. . .

"Perfetto" pensò guardandosi allo specchio.

Solo un pizzico di rossetto rosso come se si fosse appena morsa le labbra, ed era pronta per uscire.

Il suo tavolo era accanto a quello principale dove *Le PDG* era seduto con la moglie, il fratello e la sorella e gli altri membri del consiglio principale.

Gabrielle notò che sembrava distratto. Conversava educatamente al tavolo, ma continuava a girarsi a guardarla. Non poteva fermarsi.

La voleva, proprio qui, proprio ora. Dopo di che, non gli importava di nient'altro.

E quando Gabrielle lasciò il suo tavolo per andare alla toilette, lui la seguì lì.

"Sei bellissima," disse.
    "Ti voglio" mentre la trascinava in una delle stanze vuote lungo il corridoio e chiudeva la porta dietro di loro.

"Ti voglio. Questa è una tortura," *Le PDG* sussurrò.

"Non possiamo. È troppo pericoloso," Gabrielle rispose.

· · ·

"Non mi interessa." E, in quel momento, non gli importava davvero.

Aveva avuto diverse relazioni prima, ma niente del genere. Erano solo sesso senza legami o conseguenze.

Sua moglie tollerava le sue indiscrezioni fintanto che non si metteva in imbarazzo pubblicamente. Lei sapeva che non l'avrebbe mai lasciata.

Ma questa volta, anche *Nathalie* poteva percepire che qualcosa era diverso.

Aveva interrotto le sue telefonate regolari serali durante la settimana ed era distratto quando erano insieme nel fine settimana. Sembrava prendere vita solo quando vedeva i bambini e quando era ora di ritornare a Parigi.

E aveva cominciato a tornarci sempre più prima.

Prima era abituato a prendere il primo *TGV* il lunedì mattina. Poi era diventato la domenica sera. E ora non vedeva l'ora di andarsene subito dopo il pranzo della domenica.

Nathalie sapeva che c'era qualcosa che non andava ma non sapeva cosa potesse fare.

. . .

Il sesso non era mai stato il suo forte, ed era stata contenta che l'avesse infastidita sempre meno con il passare degli anni. Anche viaggiare non era in cima alla sua lista. Lei non aveva la sua capacità intellettuale o profondità e non condividevano molti interessi.

Sapeva istintivamente che Gabrielle era la sua donna ideale. Doveva mettere fine a questo.

Gabrielle poteva sentire la gente che passava nel corridoio, fuori dalla stanza. La paura di essere scoperti si aggiungeva all'eccitazione di essere nelle sue braccia. Dovevano essere veloci perché presto avrebbe dovuto fare il suo discorso.

Si ricomposero e lasciarono la stanza uno alla volta. Lei aspettò qualche minuto prima di tornare nella stanza principale; si guardò allo specchio, cercando di riprendere fiato.

Tornò al suo tavolo appena in tempo per sentirlo parlare.

Dopo cena, tutti socializzavano e chiacchieravano; Gabrielle recitò la sua parte e circolò la stanza, assicurandosi che tutti stessero bene.

"È così affascinante," aveva sentito qualcuno dire. Era un gruppo di donne che lavoravano nella sede centrale del dipartimento di comunicazione.

· · ·

"Mi chiedo con chi si scopa adesso? Povera *Nathalie*," disse una di loro.

"Scommetto che ha perso il conto," annuirono tutte.

"Penso che stia vedendo la Direttrice delle Risorse Umane in questo momento, o almeno così ho sentito," poi aggiunse.

"Sono una delle altre, altre, altre donne," Gabrielle rimase lì incredula.

L'aveva introdotta a una libertà sessuale ed emotiva che non aveva mai provato prima. Ma, nonostante tutte le sue affermazioni che lei fosse la donna della sua vita, ciò non implicava che fosse stata l'unica.

Si chiese quante fossero state prima, anche peggio se adesso ce n'era un altra.

Le PDG apparve all'improvviso proprio dietro di loro. Le quattro pettegole sembravano in parte scioccate, mortificate e, soprattutto, terrorizzate. *Le PDG* le aveva sentite. Il gruppetto si disciolse e tutte se ne andarono con la coda tra le gambe.

Gabrielle aveva però notato qualcos'altro:
Era lui che sembrava terrorizzato.

. . .

Non di quello che la gente diceva di lui, ma di quello che pensava Gabrielle. Glielo leggeva in faccia. Il suo bel viso ora si stava allontanando da lui.

"Gabrielle, per favore non andartene," disse.

Non poteva sopportare di guardarlo e lentamente ma inesorabilmente se ne andò. Poteva sentire che la stava perdendo, proprio lì.

Non parlarono per il resto della serata. Poi, finalmente, Gabrielle si scusò e se ne andò presto. Il team dell'evento aveva tutto sotto controllo e nessuno aveva bisogno di lei.

Solo lui.

In quel momento, però, non le importava. Tornò nella sua camera d'albergo e rimase lì a fissare il soffitto per ore. Il suo cellulare ronzava per la miriade di SMS e messaggi vocali che le aveva lasciato.

Gabrielle non poteva parlargli. Né voleva.

"In cosa mi sono mischiata?" ruminava.
"Perché ho...?

Il giorno successivo era il secondo giorno della conferenza e, se avesse potuto, se si sarebbe data per malata.

Ma aveva degli impegni, quindi aveva messo su una faccia

coraggiosa e aveva continuato il più normalmente possibile. Evitava il più possibile di stare nella stessa stanza da sola con lui.

Le PDG, d'altra parte, voleva restare solo con Gabrielle. Disperatamente.

Doveva spiegare. Sì, ce n'erano state molte prima di lei. Ma erano solo sesso. Non c'era nessun altra in quel momento. Non c'era stato nessun altra dopo di lei.

Non da quando l'aveva vista per la prima volta, anche prima che iniziassero a stare insieme.

Doveva spiegare. Gabrielle doveva sapere.
Fu allora che scrisse LA lettera; aveva riversato il suo cuore e la sua anima su carta.

" ... Tutta questa follia ho chiesto a te, so che c'è confusione nel tuo silenzio - ma non ci sono parole reali per descrivere il mio grande amore...

La scorsa notte ti ho sognato ... Continuavamo a fonderci l'uno nell'altro. Io ero te. Tu eri me.

... Ma eri un diversa, un'ombra, come disegnata con il gesso, ed eri senza vita, svanendo da me.

Per favore, non lasciarmi, mia cara Gabrielle. Non sono niente senza te.

Sono tuo per sempre."

"Sì, per sempre mia, per sempre tuo," pensò allora.

E adesso *Le PDG* si intrometteva tra lei e l'uomo più sorprendentemente perfetto che avesse mai incontrato. Affettuoso, aperto, disponibile fisicamente ed emotivamente, presente e tenero.

Ora era lei che doveva spiegare a Mr Wonderful. Disperatamente.

"Come posso spiegare cosa *Le PDG* aveva significato per lei e perché?" non era nemmeno sicura di saperlo lei stessa fino in fondo.

Una cosa era certa. Lui doveva sapere che non c'era nessun altro in quel momento. E non c'era stato nessun altro dopo di lui. O ci sarà mai.

Io, me stessa e noi.

" 'DI COSA HAI PAURA?' CHIESE.
'PERDERE IL CONTROLLO.' IO RISPOSI.
'QUALCHE VOLTA PERDERE IL CONTROLLO
PUÒ ESSERE TERRIBILMENTE GRANDIOSO.' LUI DISSE.
' E QUALCHE VOLTA È UN DISASTRO.'"
- WORDSAREPUREMAGIC

LIBERTÀ SU DI ME

L 'incontro annuale globale era terminato; era stato un successo grandioso, specialmente per Gabrielle. Tutti avevano commentato quanto quest'anno sia stato diverso, più inclusivo, più in linea con un'azienda globale multimiliardaria, leader nel suo settore, piuttosto che a un'azienda francese di provincia. La tradizione e il patrimonio culturale avevano avuto il giusto risalto nella strategia.

Tutti avevano apprezzato i cambiamenti e sentito inoltre che l'azienda stava iniziando a parlare la loro lingua.

Era stata una vittoria agrodolce per Gabrielle, professionalmente esaltante ma personalmente devastante.

Le PDG aveva cercato disperatamente di raggiungerla, di parlarle. Doveva spiegare. Gabrielle doveva sapere.

"*Madame, pour Vous*", le aveva detto l'addetto alla ricezione consegnandole una lettere mentre stava facendo il check-out dall'hotel.

"*Merci*," aveva risposto e aveva saldato il conto.

Guardando al suo nome scritto a mano sulla busta, sapeva che proveniva da lui. Ma non l'aveva aperta mentre era sul treno per Parigi, c'era troppa gente che conosceva in giro.

. . .

Da lì sarebbe tornata a Londra per un lungo, meritato weekend; lì, sull'Eurostar, con un bicchiere di liquore indeterminato in mano, iniziò a leggere:

"Cara Gabrielle,

Non aver paura di quanto ti desidero. La prossima volta che ti vedrò, ti farò scudo con il mio amore, con baci e carezze.

Voglio immergermi con te in tutti i piaceri della carne da farti svenire.

Voglio che tu sia sbalordita da me e ammetti che non hai mai sognato che una cosa del genere fosse possibile"

Lacrime le rigavano le guance.

".......Hai suscitato in me nuove speranze e gioia e io ti amo...."

Madame, tutto bene?" le aveva chiesto il server molto attento sul treno. Non vedevano spesso molte persone che piangevano apertamente nella classe business.

"Sto bene, grazie. Grazie per avermelo chiesto," rispose Gabrielle.

. . .

"Tutta questa follia ho chiesto a te, so che c'è confusione nel tuo silenzio - ma non ci sono parole reali per descrivere il mio grande amore...

La scorsa notte ti ho sognato; non so cosa sia successo esattamente. Quello che so è che continuavamo a fonderci l'uno nell'altro. Io ero te. Tu eri me.

Poi abbiamo preso fuoco. Ricordo che stavo spegnendo il fuoco con la mia camicia. Ma eri un diversa, un'ombra, come disegnata con il gesso, ed eri senza vita, svanendo da me.

Per favore, non lasciarmi, mia cara Gabrielle. Non sono niente senza te.

Sono tuo per sempre."

"Sì, per sempre mia, per sempre tuo," pensò. Erano state le due ore e mezza più lunghe della sua vita.

Trascorse le successive ventiquattr'ore a letto. Non poteva neanche pensare a fare nient'altro or andare da nessuna parte. La lettera dal *PDG* stretta tra le mani.

Gabrielle sentiva la sua mancanza così tanto che faceva male ma anche disgusto allo stesso tempo.

Non gli aveva ancora parlato. L'aveva chiamata numerose volte, ma lei non aveva risposto. Lasciava ogni volta che le chiamate andassero alla segreteria. Le aveva mandato messaggi SMS una miriade di volte e lei non aveva risposto neppure a quelli.

Drin, drin …. drin drin …

Il suo cellulare stava squillando.

"Ciao bella," la voce al telefono disse "bentornata." Era Paola, la sua fidata amica, che controllava se lei stava bene.

"Ciao," rispose Gabrielle. Chiacchierarono per un po', lei voleva davvero essere lasciata sola, ma sapeva che la sua amica stava cercando di trascinarla fuori dalla sua apatia.

"Cicci, domenica a pranzo," disse Paola.

Non era una domanda, e comunque non avrebbe accettato un no come risposta.
"Vengo io a Islington e possiamo andare da qualche parte nella tua zona."

Gabrielle sapeva che era inutile discutere o dire di no; si sarebbe comunque presentata a casa sua. Paola sapeva come scuoterla quando ne aveva bisogno.

"Ricordati di portare il passaporto quando viaggi dalla

periferia," aveva aggiunto Gabrielle, con la solita canzonatura per Paola che vive a Richmond.

"Ci provo. Ci vediamo domenica," ha detto.

La domenica arrivò più in fretta di quanto pensasse, et voilà, il momento di incontrare Paola per una bella chiacchierata era presto arrivato

Paola, la sua amica italiana super schietta che conosceva da quando era arrivata a Londra.

Paola era riuscita a non perdere il suo forte accento dopo quasi vent'anni in Inghilterra. Faceva sempre sorridere Gabrielle.

Il clima si stava riscaldando e stavano cercando un posto dove potevano mangiare di fuori. I londinesi si trasformano in mini lucertole e cercano il sole ogni volta che sembra che stia uscendo.

Alla fine, avevano optato per The Alwyne Castle, un pub grazioso a Islington con birreria all'aperto, situato a solo un minuto o due a piedi dalla stazione della metropolitana di High-bury & Islington.

L'Alwyne ha molto spazio, soprattutto all'esterno, ideale per prendere un po' di sole mentre si mangia e offre una buona selezione di birre e vini.

Si erano incontrate presto per il pranzo domenicale; Gabrielle aveva decisamente bisogno di un po' di incoraggiamento prima di tornare a Parigi.

. . .

"Buongiorno signore," disse il cameriere, "un tavolo fuori o dentro?"

"Fuori, fuori," risposero all'unisono.

Entrambi diedero un'occhiata al menu e scelsero rapidamente: carpaccio di manzo e capesante scottate, perfettamente cotte e condite per antipasto e l'obbligatorio arrosto della domenica (ovviamente).

"Qualcosa da bere mentre aspettate?"

Gabrielle e Paola si guardarono e dissero: "Una bottiglia di rosso della casa e acqua frizzante, grazie."

"Allora, ciccia mia, cosa sta succedendo con te?" iniziò Paola non appena il cameriere aveva lasciato il loro tavolo.

Era passato un po' di tempo dall'ultima volta che si erano viste e avevano molto di cui parlare.

Gabrielle, lentamente e quasi sottovoce, iniziò a raccontare la sua storia: il suo primo incontro con *Le PDG*, i loro incontri clandestini dovunque e dappertutto, e, per finire, le raccontò quello che era appena successo a *Londrienne*, alla conferenza globale annuale.

. . .

"Capesante scottate?" cameriere le interruppe .

"Io," Paola alzò la mano.

"Ciccia, ciccia, no no no..." Paola riprese dopo che erano state servite i loro antipasti.

"Ma, anche tu stai avendo un'avventura," rispose Gabrielle perplessa.

Paola era sposata con un inglese per gli ultimi dieci anni e avevano due figlie meravigliose. Le li amava tutti teneramente; tuttavia, aveva mantenuto una relazione extraconiugale: un'amante italiano che Paola incontrava di tanto in tanto quando andava a trovare sua madre ogni due mesi.

"La differenza mia cara, per me è solo sesso.
Dico a Marco che vado in Italia; se è disponibile, ci incontriamo; se non lo è, va ancora bene, è come un 'vibratore umano' in chiamata. Nient'altro. Sa come farmi venire e lo fa bene.
Non vuole né ha bisogno di niente di più da me e io da lui."

Suo marito aveva poca libido ed era soddisfatto senza molto sesso. Paola no.
Martin era un padre e un marito eccezionale; non lo avrebbe mai lasciato, ma i bisogni erano bisogni.

Tu ciccia mia, ti stai coinvolgendo. No, mi correggo, sei già coinvolta emotivamente.
Inoltre, ti senti in colpa anche quando trovi soldi sul marcia-

piede, o qualcuno ti dà degli spiccioli extra nei negozi. Ricordi quella volta che sei tornata indietro per restituire dieci centesimi? Dieci centesimi. E ora hai una relazione con un uomo sposato?" fece una pausa, scuotendo la testa.

"No, no, no, non per te. Posso leggere il senso di colpa sparpagliato dappertutto sul tuo viso; ti sta consumando."

Il corso principale era arrivato; Gabrielle era colpita dal fatto che fossero riusciti a gestire i tempi dei due ordini senza problemi, soprattutto considerando che a lei piaceva la carne ancora muuuuuuuu quasi cruda e al sangue mentre alla sua amica piaceva quasi cremata.

La carne era deliziosa e le patate al forno erano cucinate alla perfezione.

Gabrielle sapeva che Paola aveva ragione. Ma non poteva ancora tollerare di fermare a vederlo.

"Le relazioni non sono facili," pensava, "prendono una piega diversa poiché i ricordi e le storie possono trasformarsi nei momenti cruciali," si stava illudendo.

Alla fine, avevano concluso il pasto con un tagliere di formaggi britannici innaffiato da un'altra bottiglia di vino rosso.

"Se hai bisogno, lo sai che sono qui," le aveva detto Paola.

"Lo so."

Alle 6:00 di lunedì mattina, Gabrielle aveva iniziato a prepararsi per uscire di casa. Il primo Eurostar per Parigi era alle 7:00, e la stazione di St Pancras non era molto lontana da casa sua; aveva un sacco di tempo.

Le due ore e mezza sembravano passare incredibilmente lentamente. Sembrava più una vita.

Da un lato, era contenta. Ma, d'altra parte, non vedeva davvero l'ora di rivederlo. Gabrielle stava rimandando l'inevitabile e prima o poi doveva incontrarlo. Dopo tutto, stava lavorando direttamente per lui.

Fino all'incontro con *Le PDG*, l'esperienza di vita di Gabrielle era stata principalmente di seconda mano, osservata e non era stata mai coinvolta visceralmente. E ora che le sue barriere stavano lentamente cadendo e così tutte le emozioni che aveva represso per così tanto tempo; la gelosia, la frustrazione e la rabbia stavano venendo a galla.

Per tutta la vita era stata una bohémien nascosta. Ha sempre amato vivere in grande, scandalosamente. Fuori era la figlia e la donna d'affari perfetta, ma dentro era sempre stata Isadora Duncan.

Voleva una vita fuori dal normale e succhiare il midollo dalla vita. Ma voleva anche piacere alla gente...

E così, si era conformata.

· · ·

Gabrielle arrivò in ufficio dopo le 11:00. Tutti erano ancora entusiasti per la conferenza; lei notò che *Le PDG* non c'era.

"Bene," pensò. Preferiva così, almeno oggi.

La giornata trascorse normalmente; lei aveva riunioni consecutive, quindi non aveva avuto tempo per pensare.

Aveva lasciato l'ufficio un po' in ritardo, ma deciso comunque di tornare a casa a piedi. Anche se era un po' lontano da *Tour Montparnasse* sulla destra dietro la *Gare du Nord,* aveva bisogno di aria fresca.

Quando arrivò al suo edificio, lui era lì. *Le PDG.* Teneva tra le mani un mazzo di giacinti viola e un'unica rosa rossa.

"Mi dispiace," le disse. "Avrei dovuto dirtelo io stesso. Davo per scontato che tu sapessi del mulino di pettegolezzi come tutti gli altri sembrano conoscere.

"Non riesco a smettere di pensarti. Per favore, non lasciarmi. Non sono niente senza di te."

E lì era, in piedi, proprio davanti all'ingresso dell'edificio; non poteva entrare senza ammettere la sua presenza in un modo o nell'altro.

Non voleva, ma lo desirava così tanto da far male.

. . .

"Non c'è stata nessun altra da quando ti ho incontrato. Solo tu," continuò.

"Hai ricevuto la mia lettera?" Le chiese. Gabriella annuì.

E all'improvviso stavano facendo l'amore nel suo appartamento, sul pavimento, sul tavolo, affamati l'uno per l'altro. Rimasero svegli tutta la notte; era la prima volta che si fermava.

E da quel momento in poi, era diventata una cosa più regolare. *Le PDG* aveva paura di perdere Gabrielle e stava facendo del suo meglio per rassicurarla.

Non era una delle tante altre donne, ma comunque l'altra donna.

Le relazioni non sono facili; prendono un aspetto diverso a causa dei ricordi e delle storie si trasformano durante i momenti cruciali.

Gabrielle aveva deciso di smettere di fare la pendolare per un po' e vivere pienamente Parigi. Almeno per un po'. Doveva dare a Parigi l'attenzione e l'amore che meritava.

"Parigi è sempre una buona idea," aveva detto una volta Audrey Hepburn.

· · ·

"Infatti, lo è Audrey. In effetti lo è." E anche se l'estate in Francia significava una vacanza moooolto lunga per i francesi che scappano sulla costa o nella casa di famiglia, ne valeva la pena.

A Gabrielle piaceva passeggiare per Parigi e ammirare l'architettura in piena vista degli edifici che erano ancora più mozzafiato con il sole risplendente.

"L'estate mostra il meglio di Parigi," pensava, "lunghi giorni e lunghe notti in cui puoi goderti passeggiate, panorami mozzafiato, sorseggiare cocktail in terrazza e cenare all'aperto."

Il suo appartamento di Parigi era piccolo e senza uno spazio esterno, ma c'erano molti splendidi parchi a Parigi che poteva godersi:
quelli grandi (*Bois de Vincennes, Bois de Boulogne, Buttes-Chaumont, Parco floreale, Parc de la Villette*),
quelli eleganti (*Palais-Royal, Giardini del Lussemburgo, Giardini botanici*),
e quelli tra i due (*Parc Monceau, Parc Montsouris*).
Tutti molto incantevoli e tutti ospitano vari eventi estivi che si abbinano bene con l'ora del picnic, e Gabrielle ne approfittò appieno.

Le PDG a volte rimaneva con lei nel fine settimana e si divertivano a guardare qualche film occasionale nel *Parc de la Villette*, dove c'è per un mese intero un festival del *Cinema en Plein Air* con lo schermo cinematografico più gigantesco della città.

. . .

Era perfetto, quasi idilliaco: del cibo delizioso e una bottiglia di vino guardando un film mentre il sole tramontava - l'illusione di una vera relazione.

Con o senza *Le PDG* tuttavia, Gabrielle voleva godersi Parigi, a volte facendo un giro da sola da una barca sulla Senna.
Un giro su *Les Bateaux Mouches* dura circa due ore e offre una ottima visita guidate con commentario e tanto champagne. O un pasto servito su squisito lino bianco.
Meritava di vivere tutto questo.

Lei amava come, in estate, Parigi diventa una località balneare e accoglie *Paris Plages* nel nuovo *Parc Rives de Seine*, con lettini e palme che spuntano proprio in riva .

Inoltre, ogni boutique e grande magazzino di Parigi ha i saldi super attesi - *les soldes d'été*.
Stava riempendosi di più esperienze che poteva come se sapesse...

L'estate era venuta e andata, e il rapporto con *Le PDG* divenne più stabile, quasi di routine e prevedibile.

Era come se avessero succhiato via il midollo, e ora fossero rimaste solo le ossa a sostenere lo scheletro. Tuttavia, era ancora assuefatta a lui, era la sua droga.
Gabrielle si rese conto che ormai era a Parigi nella stessa posizione da quasi un anno.

· · ·

"Progredire nella carriera va lentamente a Parigi," pensava spesso.

"In qualche modo, le persone rimangono nella stessa posizione molto più a lungo che nel Regno Unito, dove tutti si aspettano di essere promossi o di trasferirsi ogni due anni."

Si sentiva irrequieta ma non era del tutto sicura perché.

Il suo ruolo la teneva molto occupata con viaggi regolari nelle diverse filiali dell'azienda in tutto il mondo. Il Natale era ormai quasi dietro l'angolo.

Era fuori dall'ufficio di Parigi sempre più e lavorare da casa aveva incominciato a insinuarsi nella sua routine. Dalla casa londinese.

Aveva anche ricominciato a fare la pendolare e tornare più regolarmente il giovedì.

E poi, proprio così, tutto cambiò ...

Il lunedì 23 marzo 2020, il Primo Ministro annunciò il primo lockdown nel Regno Unito, ordinando alle persone di rimanere a casa. E il 26 marzo le misure del lockdown entrarono legalmente in vigore. Gabrielle era bloccata a Londra.

La vita può cambiare in un solo secondo. Proprio così. Tutte le cose che hai sempre voluto fare in pausa. Finché qualcun altro non decide di premere nuovamente il pulsante e dice 'vai.'

Domani, sempre desiderando il domani, e all'improvviso, quasi non c'era un più domani.

Gabrielle rimase in contatto con l'ufficio, facendo un ottimo uso di Teams e Zoom e aveva continuato a lavorare.

Per essere onesti, le piaceva essere tornata a casa sua e stare da sola.

Era sempre stata una persona solitaria: una bambina persa nei suoi libri, e un'adulta a caccia della prossima vittoria nella scalata senza fine.

Nel passato aveva cancellato molti eventi, appuntamenti e incontri con gli amici all'ultimo minuto.

C'era sempre domani. C'era sempre qualcosa di più importante da fare.

Ma, dopo un po', il suo corpo e il suo cervello iniziarono a lottare contro se stessi. Stavano combattendo contro di lei o qualcosa del genere.

Si sentiva esausta in continuazione e tutta la sua energia era stata spazzata via. Era così stanca che faticava a portare a termine anche i compiti più insignificanti. Però, nonostante la stanchezza, Gabrielle non riusciva a riposare.

· · ·

Prese il test per vedere se aveva preso la temuta C, ma no, non l'aveva.

Il suo corpo era in fiamme. E oltre al dolore lancinante, stava provando una sensazione di formicolio dappertutto.

La sua mente andò in overdrive così tanto da sentirsi paranoica, irritabile e lunatica. Non riusciva a stare ferma neanche un attimo.

Non riusciva a capire cosa le stesse succedendo.

Dopo alcuni mesi, con la scomparsa dei sintomi fisici, ricominciò a vedere le cose chiaramente.

Si stava disintossicando dalla droga più potente.

Nel complesso, i vari lockdowns e le restrizioni che ne derivavano le erano stati utili, un periodo di tempo per concentrarsi su se stessa con poche distrazioni.

E ora, dopo la 'disintossicazione,' stava imparando a conoscere chi era Gabrielle o chi voleva essere.
    Completamente e senza scusarsi. Isadora Duncan e tutto il resto.
    E migliorare alla grande.

· · ·

La pandemia aveva dato a Gabrielle un nuovo, più profondo apprezzamento di essere là fuori, da sola, in segno di gratitudine per la vita. Apprezzando tutto ciò che era stata così fortunata da poter vivere.

A volte ci vuole una grande emergenza o crisi per guardare più in profondità e scoprire quanto più poi fare. O dovresti fare.

Gabrielle non aveva mai avuto paura di fare grandi scelte: lasciò la sua posizione importante in azienda, Parigi e *Le PDG* , nel mezzo della pandemia.

Tutti pensavano che fosse pazza. Ma sapeva che era la cosa giusta da fare.

Voleva prendere del tempo per capire cosa voleva veramente, con calma. E così si era riconciliata con la ribelle Isadora dentro di se e aveva ripreso qualcuna delle sue passioni d'infanzia, e iniziato a scrivere e illustrare libri per bambini e un canale/podcast su YouTube.

Aveva anche iniziato a trattare il suo corpo e se stessa con più amore e gentilezza, non più torture e autoflagellazione con programmi super duri. O relazioni autodistruttive. Non c'era niente più rimasto da dimostrare.

Le piaceva questa Gabrielle. E questa Gabrielle aveva attratto l'uomo più meraviglioso.

· · ·

Doveva assicurarsi che Mr Wonderful sapesse che LA lettera che teneva tra le mani era solo una pagina del libro della sua vita, un capitolo completamente chiuso, e lei stava aspettando di continuare a scrivere la sua storia con lui, e solo con lui.

Perché Gabrielle aveva giocato, si era allontanata e ora era pronta a restare.

PARTE III

LE NOVE VITE DI GABRIELLE: PER TRE RIMANE

A Londra, uno dei miei tre amori.
Shh, non dirlo a nessuno: sei la mia preferita!

LONDRA CHIAMA

"Ma Chérie Gabrielle,

n'aie pas peur de combien je te désire."

I l foglio di carta accartocciato che aveva in mano non era carta comune. Era una lettera. Una lettera per Gabrielle. In francese. Poteva percepire che, in qualche modo, la sua giornata stava per cambiare.

Strano come le cose possano cambiare così in fretta.

La giornata era iniziata così bene. Il sole che filtrava dalla fessura delle tende pensanti li aveva svegliati dolcemente.

Le sue braccia erano ancora attorno a lei; lui non riusciva a dormire senza essere vicino a lei, pelle contro pelle. Come se avesse paura che stesse per volare via.

Gabrielle era sdraiata lì, immobile, lo guardava dolcemente, i capelli arruffati, le guance arrossate, cercando di non respirare. Momenti preziosi contemplando quanto fosse fortunata.

Erano tornati a casa dopo un lungo weekend per festeggiare il giorno in cui si erano conosciuti - lui l'aveva organizzato come sorpresa per lei, insieme a un pernottamento in un albergo del centro. E poi, avevano passato il giorno prima a parlare; beh, per la prima volta, era Gabrielle a parlare. Di se stessa e del motivo per cui era stata così distratta, lui l'aveva notato ma non aveva intenzione di dire nulla. Sapeva quanto fosse difficile per lei aprirsi. Ma aprirsi, lo aveva fatto; doveva essere stato straziante.

"Buongiorno," Gabrielle disse facendo le fusa e affondando il viso nel suo torace senza guardarlo negli occhi. Lui sapeva bene che lei aveva già condiviso abbastanza, almeno per ora, molto più di quanto fosse abituata, quindi l'abbracciò fermamente, accarezzandole la schiena mentre le baciava la fronte.

"Ti amo," sussurrò Mr Wonderful, "sempre" sentiva il bisogno di rassicurarla. Voleva che Gabrielle sapesse che poteva dirgli qualsiasi cosa.

"Ti amo anch'io, più di quanto possa esprimere," lei rispose.

Mr Wonderful credeva che stesse dicendo la verità. L'intimità emotiva non era il suo forte. Era abituata a reggersi sulle sue gambe e a fare affidamento solo su se stessa, senza mostrare le sue emozioni. Ma c'era dell'altro in lei, poteva percepirlo, ed era disposto a scoprire quanto più c'era in profondità, sebbene poco a poco.

Gabrielle gli aveva raccontato della sua avventura estemporanea a New York, viaggiando da sola dopo la rottura di una relazione a lungo termine, e di come aveva esplorato la città, trascorrendo del tempo da sola, e cercando di conoscere se stessa.

· · ·

"È anche riuscita ad avere una relazione veloce," si ritrovò a pensare con un po' di sarcasmo ricordando la storia del VicePresidente, i posti in cui erano stati e così via.

"La sto giudicando per caso?" e forse lo stava facendo po'; aveva provato una fitta di dolore, in particolare quando lei aveva menzionato come si erano conosciuti. Era stato un incontro quasi come il loro: un incontro casuale per strada che si era presto trasformato in qualcosa di più. Pensava che il loro fosse stato unico e magico; non aveva mai provato prima una connessione e attrazione istantanea del genere.

Mr Wonderful era sicuro che Gabrielle avesse detto qualcosa sul non accettare mai inviti da estranei; non era mai successo nemmeno a lei prima.

"Beh, sembra che invece lo era," ammise, deluso.

Erano rimasti a letto a lungo, le lenzuola sgualcite intorno a loro. Poi, finalmente, Gabrielle si era alzata e si preparata per la sua passeggiata mattutina. Mr Wonderful era una persona da palestra, e lei no. Dio sa quanto avesse cercato di organizzare attività sportive e routine di esercizi che potevano fare insieme. Ma no, Gabrielle non è tipo da fare esercizio fisico. E andava bene anche così; entrambi avevano bisogno del loro spazio.

Tra l'innamorarsi pazzamente e il lockdown per il Covid, si erano praticamente trasferiti insieme quasi immediatamente, e lui era sempre molto cauto di non oltrepassare il limite o essere troppo familiare.

. . .

Aveva bisogno di lavorare e pensava di chiederle se poteva usare il suo ufficio; Gabrielle era preziosa con il suo spazio, la sua casa e le sue cose. Non era abituata a condividere. Lui invece era cresciuto con altri quattro fratelli a Brooklyn, quindi aver tempo da solo o spazio non erano mai stati una vera scelta.

"Ciao, ci vediamo dopo," lei aveva detto chiudendosi la porta alle spalle.

Mr Wonderful saltò giù dal letto e fece una doccia veloce prima di prepararsi a lavorare. Si preparò del caffè fresco e poi si diresse verso il piccolo angolo nell'angolo della casa che Gabrielle aveva designato come suo ufficio. In questo centro creativo, lei svolgeva tutto il suo lavoro, dipingendo, scrivendo e filmando per il suo canale YouTube per la sua nuova carriera creativa. La casa aveva zone definite e dedicate a diverse attività; aveva mescolato perfettamente vecchio e nuovo, antico e moderno. Tutto era ordinato e al suo posto, con confini netti e multiuso. Uno schermo antico pieghevole e laccato nascondeva dalla vista la zona ufficio.

Si sedette, accese il suo laptop e controllò le sue e-mail, poi la borsa, seguita da una rapida telefonata al suo broker per vendere e acquistare qualche titolo e azioni. Aveva lasciato New York qualche anno prima, stanco dell'ipocrisia della scena dell'Upper East Side e di correre in giro cercando di evitare i paparazzi. Amava invece Londra, la sua storia, lo sfarzo e le cerimonie e, cosa più importante, il fatto che nessuno sapesse o gli importasse chi fosse. Poteva entrare in una libreria qualunque e nessuno batteva ciglio.

· · ·

Era venuto per anni regolarmente nel Regno Unito per il Gran Premio di Gran Bretagna a Silverstone e per il tennis a Wimbledon, e ora aveva preso residenza nel paese. Londra aveva chiamato e lui aveva risposto. Era qui per restare.

La scrivania era idealmente situata vicino alla finestra, con vista su Canonbury Square e Canonbury Gardens, perfetta per un po' di pace e tranquillità ma anche per osservare la gente. Tuttavia, non riusciva a smettere di pensare a Gabrielle; non aveva mai incontrato nessuno prima che fosse così incantevole, avvincente ma, allo stesso tempo, così sfuggente. Le sue precedenti relazioni a lungo termine erano sempre state in secondo posto rispetto ai suoi affari e ai suoi interessi personali: auto sportive, corse e volare. Semplicemente, non erano mai riuscite a mantenere la sua attenzione totale. Era sempre stato una persona molto intensa, risoluta, con un vorace appetito sessuale ed energia da vendere. Un tipo di uomo tutto o niente e il suo tutto non era mai stato l'amore. Finora.

Ora, tutto quello che voleva era Gabrielle. I suoi grandi occhi castani lo avevano affascinato fin dal primo momento; il suo profumo lo aveva sedotto e la sua voce suggellato l'accordo. Ma, soprattutto, erano state la sua dolcezza e vulnerabilità che si nascondevano dietro la facciata forte e tosta. Era stato attento a non spaventarla con la sua intensità e aveva sostituito la sua passione con romanticismo d'altri tempi e premure nella speranza di abbattere le sue barriere. Si era comportato come un Principe Azzurro, cercando di conquistarla alla vecchia maniera e farle perdere la testa.

· · ·

"Cavolo, sono proprio nei guai," lo aveva capito dalla prima volta che la vide.

Mr Wonderful stava scrivendo e controllando le e-mail da un po', ma ora aveva bisogno di stampare alcuni documenti. La stampante era completamente configurata, ma non c'era abbastanza carta per quanto doveva stampare.

"Dove tiene la carta per la stampante?" si chiese.

"Tutto è così organizzato; dev'essere da qualche parte ben riposta. Sono sicuro che lei ha un posto da qualche parte qui dentro, nascosto dalla vista."

Cominciò ad aprire i cassetti uno per uno. Una rapida occhiata alla volta. Fu sorpreso da ciò che trovò in alcuni - una foto scattata poco dopo che si erano conosciuti - quel momento sembrava così lontano, come se fossero stati insieme per una vita eppure così vicino. Tutto era ancora fresco, romantico e non influenzato dal lockdown e dalla monotonia della vita ordinaria. Taccuino dopo taccuino. Uno per ogni compito immaginabile e tanti taccuini per schizzi con tutti i disegni e le illustrazioni per il suo nuovo libro per bambini. Ma niente carta da stampa.

Uno dopo l'altro, li esaminò tutti e poi, finalmente, la trovò. Doveva essere nell'ultimo cassetto, ovviamente.

Tirò fuori abbastanza fogli per soddisfare il suo bisogno quando vide qualcosa bloccato sul retro. Si chinò leggermente e si fece strada cercando con la mano nel retro del cassetto, tastando, per tirarlo fuori. Il pezzo di carta sembrava incastrato nel mezzo, come se non avesse deciso se voleva restare nel mobiletto o uscire. Fu tentato di tirarlo fuori con la forza, ma non era sicuro di cosa fosse, quindi fece attenzione a non romperlo. Quando finalmente riuscì a tirarlo fuori, si rese conto che era una lettera.

La calligrafia premuta sulla carta appariva come se fosse stata scritta con fretta o con passione. Sapeva quanto Gabrielle fosse riservata e quanto tempo le c'era voluto per aprirsi. Le aveva solo appena raccontato di New York e delle sue avventure lì.

Così l'aveva lasciata stare. Appoggiata sulla scrivania ordinatamente. Mr Wonderful aveva continuato a lavorare per un po'. Ma non riusciva a concentrarsi; la lettera lo invitava ad aprirla. Era curioso. Era tentato.

"Una sbirciatina," pensò, "e poi la rimetto dove l'ho trovata."

"Non dovrei guardare," disse come per ricordare a se stesso quanto fosse riservata.

"Chissà se è qualcosa che pensa sia persa? Forse sarà contenta che l'abbia trovata," aggiunse, cercando di trovare un motivo per procedere.

Quel pezzetto di carta non smetteva di stuzzicarlo; come una sirena che attira marinai verso coste rocciose, continuava a chiamarlo e lo tentava ad aprirlo e leggerlo. Per ore aveva resistito e continuato a lavorare, tenendosi occupato. Ma non riusciva a concentrarsi; era troppo distratto.

La lettera continuava a tornargli in mente. Poi, alla fine, aveva ceduto; preparò un'altra tazza di caffè, si sedette e aprì la nota invitante. E così spiegò il foglio, con attenzione, lentamente, una porta su un mondo segreto e iniziò a leggere:

"Ma chérie Gabrielle, n'aie pas peur de combien je te désire."

"Fantastico! In francese," che ironia "trovo un nuovo modo di sapere più di lei, e c'è un altro strato di protezione," sorrise.

Il francese di Mr Wonderful era arrugginito, ma poteva comprendere qualche parola qui e là come "*désire.*"

Aveva capito che era una lettera per Gabrielle piuttosto che da Gabrielle e da qualcuno che la conosceva, da quello che ricordava dai tempi della scuola. Mr Wonderful diede un'altra occhiata, ma il suo francese scolastico era piuttosto essenziale, troppo per comprendere tutto a fondo ma abbastanza per capirne il succo.

Cercò Google Translate sul suo laptop e iniziò a digitare la lettera, riga per riga. Per qualche ragione, era nervoso. Aveva digitato parola per parola con attenzione. Non era del tutto sicuro che avrebbe dovuto. Non avrebbe dovuto. Sarebbe stato meglio se non l'avesse fatto.

Ma lo fece.

"Cara Gabrielle, non aver paura di quanto ti desidero,"

leggeva la prima riga. In un modo o nell'altro, si sentiva a disagio; leggere la lettera di un'altra persona non gli sembrava giusto anche se era curioso.

"Chi scrive più lettere a mano?" si chiese e si maledisse per non aver prestato più attenzione alle lezioni di francese a scuola e per non aver fatto più pratica del francese con Gabrielle.

Il processo di digitazione e traduzione frase per frase era estremamente penoso. Così lento.

La prossima volta che ti vedrò, ti farò scudo con il mio amore, con baci e carezze.
Voglio immergermi con te in tutti i piaceri della carne da farti svenire.

"Carne... svenire. Chi si crede di essere?"

Voglio che tu.... tu sia sbalordita da me e ammetti.... che non hai mai sognato che una cosa del genere fosse possibile...

"Sbalordita," ripetè deridendo.

... E poi, quando sarai anziana, voglio che ti ricordi e tremi di piacere quando pensi a me...

"Trema di piacere," ripeté ancora "quest'uomo si sta impegnando molto, non posso biasimarlo per questo," pensò Mr Wonderful. Il suo cuore però aveva iniziato a sprofondare un po' alla volta e la sua mente a far scherzi.

Mi ecciti e m'infuochi più dell'inferno... tutto quello che fai mi eccita.

"Merda, è molto espressivo" aveva la gola secca.

Hai suscitato in me nuove speranze e gioia e io ti amo, amo la peluria della tua figa che ho sentito con le mie dita,

"Che cazzo?" quando Mr Wonderful finalmente capì che non era una lettera d'amore non corrisposto, una proposta, sentì le parole profondamente, come pugnalate al cuore ...

l'interno della tua figa, calda e bagnata che ho sentito con le mie dita......

Non aveva mai imprecato o usato parole esplicite con lei, e lei non era mai sembrata a suo agio quando la toccava intimamente, trattenendosi sempre. Sempre sull'orlo dell'orgasmo, ma non si lasciava mai andare del tutto.

Tutta questa follia ho chiesto a te, so che c'è confusione nel tuo silenzio - ma non ci sono parole reali per descrivere il mio grande amore...

My Wonderful aveva dovuto fermarsi; le lacrime gli rigavano le guance, offuscandogli la vista. Non aveva pianto da quando sua madre era morta e non riusciva nemmeno ricordare un momento in cui lo avesse fatto prima o dopo, e non riusciva a capire perché ora.

Si alzò e andò a prepararsi un'altra tazza di caffè forte. Una distrazione necessaria. Una tattica di ritardo. il bollitore impiegò quello che sembrava un'eternità a bollire. I minuti trascorsero come ore. Stava camminando su e giù per la piccola cucina. La paura e la rabbia avevano sostituito la tristezza e il dolore, e poi di nuovo paura e rabbia.

Non riusciva a credere che stesse mantenendo questo tipo di segreto. Non gli disse altro dopo la loro chiacchierata.

· · ·

Fiiiii ... fiiiiiiiiiiihiu ...

Il bollitore, finalmente, fischiò. Versare l'acqua lentamente lo stava calmando poco o niente.

"Sta vedendo qualcun altro? Sta ancora vedendo qualcun altro? O sta finendo?"

Tutti i tipi di scenari gli stavano passando per la testa e le sue paure e i suoi dubbi stavano completamente superando logica e buon senso.

"No, non può essere. Lei non avrebbe un'avventura. Non avrebbe potuto," pensò. "Almeno fisicamente," la ragione stava ritornando , anche se solo per un attimo.

"Forse era stato prima di New York..." ricordando che era stata vaga su quella relazione.

"No, non può essere. Gabrielle sembrò seccata al riguardo quando ne parlò. Non avrebbe tenuto la lettera così a lungo," concluse Mr Wonderful.

"Si stanno ancora parlando? Mandandosi e-mail? Facetime? Deve averlo fatto." Il commentario continuo nella sua testa lo stava facendo impazzire dal dubbio.

. . .

Mr Wonderful si sedette di nuovo alla scrivania. La lettera era lì, lo aspettava e lo stava ancora facendo impazzire.

La scorsa notte ti ho sognato; non so cosa sia successo esattamente. Quello che so è che continuavamo a fonderci l'uno nell'altro. Io ero te. Tu eri me.

Poi abbiamo preso fuoco. Ricordo che stavo spegnendo il fuoco con la mia camicia. Ma eri un diversa, un'ombra, come disegnata con il gesso, ed eri senza vita, svanendo da me.

Per favore, non lasciarmi, mia cara Gabrielle. Non sono niente senza te xxx"

Nessuna firma, nessun nome. Non era necessario. Lei sapeva chi era.

La lesse e rilesse ripetutamente, e poi la traduzione. E ancora, e la traduzione. Controllando di aver digitato correttamente ogni parola su Google.

"Una o due parole possono cambiare tutto…."

Non c'era nessuna data e non aveva trovato una busta. Ma la lettera era in qualche modo 'vissuta'; c'erano segni, macchie e forse una leggera traccia del suo mascara...

Immaginò le sue lacrime cadere sulla carta e cercò di decifrare una cronologia di qualche tipo. Ma non poteva, non importa quanto ci provasse.

. . .

"Lei ha molte riunioni. Risponde sempre alle telefonate in privato. Era lui nelle 'riunioni'?" La sua mente era ormai un treno in corsa.

Ogni volta che squillava il telefono, sembrava nervosa e prendeva le chiamate in un'altra stanza. Il suo telefono era sempre con lei, mandando e controllando messaggi.

"Stava parlando con lui?"

All'improvviso tutto sembrava così confuso.

"Il suo distacco faceva senso adesso," concluse, un segno che aveva ignorato.

"Dov'è adesso? È andata a incontrarlo?" non poteva fare a meno di chiedersi.

"Questa è una passeggiata terribilmente lunga," pensò poi.

"Dovrei tornare a casa adesso," stava pensando Gabrielle contemporaneamente, ma si stava godendo la sua passeggiata.

Gabrielle aveva sempre amato camminare e ancora di più durante i vari lockdown, e ora, con Mr Wonderful che viveva con lei, era un modo per ritagliarsi un po' di tempo per sé senza ferire i suoi sentimenti.

Aveva sempre desiderato un tipo d'amore appassionato che ti divora, del tipo non-puoi-vivere-l'uno-senza-l'altro, ma non si era resa conto di cosa significasse in pratica, essere l'uno nelle tasche dell'altro ventiquattro ore al giorno, sette giorni all settimana. O peggio ancora, l' intimità.

In questa maniera, Mr Wonderful aveva il suo tempo in palestra e Gabrielle faceva le sue passeggiate.

Da piccola camminava sempre molto in riva al mare. Si era sempre sentita claustrofobia vivere in un piccolo villaggio, ma, vicino all' oceano, si sentiva sempre libera. Gabrielle amava l'oceano, il mare, il suo temperamento, i suoi capricci e la grandezza assoluta. Aveva sempre immaginato tesori nascosti sotto, navi affondate che trasportavano oro e gioielli, persone sepolte in mare e tutte le creature che vivevano lì. Amava guardare le onde arrivare a riva e i gabbiani volare bassi.

Cra, cra… cra …

Amava assorbire ogni frammento di suoni e odori. Così adesso camminava invece lungo il canale. Andava lì il più possibile. Guardava le barche che si muovono lentamente, i gabbiani che passano. Era il suo modo per trovar pace e connettersi con qualunque 'Qualcosa' fosse là fuori.

· · ·

A volte ci metteva più tempo quando le sembrava di perdere se stessa. Ma una cosa era certa: Gabrielle non voleva che Mr Wonderful pensasse si era pentita che vivevano insieme o che le mancava qualcosa o qualcuno del suo passato. Non lo era, davvero.

Gabrielle aveva definitivamente e fermamente chiuso ogni porta dietro di sé. I suoi ex erano totalmente e genuinamente ex.

Soltanto *Le PDG* si era trattenuto più del necessario. L'aveva contattata di tanto in tanto, cercando di riconquistarla.

Con lui aveva riscoperto il sua identità più libera e selvaggia, il lato passionale e inibito che aveva tenuto nascosto per tanto tempo, la sua sessualità inappagata e aveva provato il suo primo orgasmo, una parte di sé che aveva prima appositamente tenuto a freno. Ma aveva anche scoperto una parte di sé che non le piaceva affatto.

Gabrielle ora era spaventata; si sentiva come un vulcano attivo ma dormiente che potrebbe eruttare in qualsiasi momento e causare pericolosi terremoti e smottamenti.

I lockdowns per lei erano stati una benedizione sotto mentite spoglie, il momento in cui Gabrielle aveva iniziato il suo percorso verso la guarigione, sfuggendo dalla mania di cercare sempre qualcuno di nuovo e invece incontrando sempre la stessa bambina triste e solitaria del passato; se stessa. Sapeva di non poter più scappare. Quindi si era guardata dentro ed era contenta, per ora, con un amore più gentile e romantico fino a quando non ritrovava la forza interiore. Mr Wonderful era il suo cavaliere dall'armatura splendente. Il suo Salvatore.

"Mi chiedo a cosa stia lavorando Mr Wonderful stamattina? Azioni, titoli, acquisto di una nuova società?" Gabrielle rifletté.

Da quando aveva iniziato la sua nove carriera creativa, aveva adibito l'angolo della sua casa a ufficio/spazio per la creazione. Tutti i suoi disegni, *moodboards* e manoscritti erano sistemati ordinatamente al loro posto, pronti per l'uso ma lontani da occhi indiscreti.

Mr Wonderful le aveva chiesto gentilmente se poteva usare lo spazio; di solito si sedeva sul divano con il suo laptop appoggiato sulle gambe per controllare le sue e-mail e rispondere alle chiamate.

Aveva sempre considerato quello come il suo spazio, la sua 'caverna' creativa.

"Cosa c'è che non va con questo?" pensava. "Suppongo che quando vivi con qualcuno, devi condividere un po'," cercando di convincersi.

Gabrielle non era abituata a condividere. Figlia unica, aveva convissuto con qualcuno prima di allora solo per breve tempo. E non ci aveva mai fatto l'abitudine. Condividere. Aprirsi.

· · ·

"È ora di andare a casa," disse, tornando alla casa in Canonbury Square.

I suoi vicini stavano tornando dalla loro passeggiata o qualunque cosa avessero fatto. Erano diventati 'stretti' durante il lockdown, l'intera piazza fungendo come piccolo circolo esteso. Gabrielle aveva comprato la casa l'anno prima e non conosceva nessuno prima del Covid. Ma lo spirito della comunità si era completamente svegliato durante la pandemia e, tra gli applausi per NHS, hanno avuto modo di 'conoscersi' e sostenersi a vicenda e avevano persino organizzato regolari chiamate zoom per farsi delle bevute a giochi i venerdì sera. Era casa, il posto che si era data molto da fare per ottenere per così tanto tempo prima che gli eventi cambiassero tutto - Parigi e poi la grande C. Non poteva mai neanche provare a dire ad alta voce la parola intera, non voleva portarla in esistenza più che fosse necessario, almeno non nella sua esistenza.

Gabrielle girò la chiave e aprì la porta. La richiuse dietro di sé, lentamente, ancora assorta nei suoi pensieri. Fece il giro del pianterreno, ma Mr Wonderful non si vedeva da nessuna parte.

"Forse sta ancora lavorando di sopra," pensò. Sentiva l'odore del caffè fresco proveniente dalla cucina. Aveva tirato su un lungo respiro in "*Sniff.... sniff ...*' e inspirò '*Mmmmm ...*'

Salì le scale fino allo studio d'angolo al primo piano. Era stanca; erano stati giorni drenanti. Tutto quel parlare di se stessa non era qualcosa a cui era abituata. Tuttavia, aveva sentito di doverlo fare dopo l'Opera. Era stata distratta, con i suoi ricordi che la portavano avanti e indietro, muovendo la realtà in continuazione.

E Mr Wonderful era stato così, ovviamente, meraviglioso, gentile e premuroso. Meritava di più.

E così, per la prima volta, Gabrielle gli raccontò della sua avventura solitaria a New York, girovagando per la città, incontrando il VicePresidente e la loro breve relazione. Beh, aveva glissato un po' sulla quella relazione. Amava la versione idolatrata di se stessa che vedeva riflessa nei suoi occhi e non voleva rovinarla. Invece, Gabrielle voleva che lui capisse il senso di libertà che aveva provato. La libertà e l'indipendenza erano importanti per lei. O almeno l'inizio del suo viaggio verso un senso di libertà.

Gabrielle aveva omesso di aver corso in giro per New York come una pazza alla ricerca di una figura di completa fantasia, Goren. Sarebbe stato troppo folle da comprendere. Inseguire un personaggio televisivo e la sua incarnazione era troppo da condividere e da poter comprendere. Diamine, neanche lei lo capiva.

Mr Wonderful aveva ascoltato con pazienza e attenzione, aveva fatto qualche domanda qua e là ma era abbastanza delicato da fermarsi quando capiva che lei era a disagio.

"Grazie a Dio," pensò.

· · ·

Gabrielle era sempre a disagio a condividere troppo; se non doveva, preferiva di no.

Si sentiva mentalmente ed emotivamente esausta, ma lo amava. Mr Wonderful era veramente e totalmente incredibile. E paziente. Sempre in ascolto. Chissà perché lei aveva l'impressione che lui stesse aspettando qualcosa ...

Sapeva che poteva dirgli tutto, e lui non l'avrebbe giudicata. Tutto tranne Parigi. Non Parigi.

Mr Wonderful era un uomo di principi con un forte compasso morale, e lei aveva paura di perderlo. Suo padre aveva avuto molte relazioni extraconiugali e lasciò sua madre a prendere cura sé e cinque ragazzi. Questa era una di quelle volte in cui era meglio non raccontare la storia intera.

"Chissà dov'è?" si chiese salendo le scale.

Aveva creato un pezzettino di paradiso nell' angolo con i suoi libri, il suo set di YouTube e la scrivania ereditata dalla nonna francese. *Mamé* aveva sempre incoraggiato le sue tendenze artistiche. Durante le sue visite estive, passeggiavano insieme in riva al mare e poi si fermavano e dipingevano. Avrebbe voluto trascorrere più tempo con lei negli ultimi anni. Ma, sfortunatamente, era sempre troppo impegnata a viaggiare. Lavorando.

"Ci vado il mese prossimo," si diceva sempre. Ma il 'mese prossimo' non era mai arrivato.

. . .

"Oh, eccolo lì," lo vide seduto davanti alla scrivania.

Mr Wonderful era come crollato e sprofondato sulla sedia, una lettera stretta tra le mani, una ruga pulsante sulla fronte. Era pallido come in straccio. Lui alzò la testa e poi lei vide. Il suo viso stava diventando un colorito come grigio, i suoi occhi erano rossi e gonfi come se avesse pianto.

Si accorse anche lui che non era più solo. Gabrielle era tornata a casa e stava proprio lì, davanti a lui, guardandolo intensamente con i suoi grandi occhi castani, strizzando un po' gli occhi. Lo faceva sempre quando pensava. Le sue guance erano leggermente arrossate per la camminata. O forse erano arrossate dall'imbarazzo di vederlo con la lettera. O sensi di colpa per essere stata scoperta??!

"Dio santo, si vedeva che aveva pianto? Poteva rendersene conto?" Si era asciugato le lacrime, ma i suoi occhi bruciavano ancora.

Avvertiva che la sua mascella si stava serrando mentre il suo cuore batteva più forte, i suoi palmi sudati. I capelli di Gabrielle erano un po' spettinati.

"Cosa ha fatto?" immaginando ogni sorta di cose.

. . .

"Cosa è successo?" lei pensò. Il modo in cui la guardava le fece venire i brividi lungo la schiena.

E poi vide l'ultimo cassetto aperto. Il cassetto dove teneva LA lettera. La lettera del *PDG*. Parigi la stava ancora perseguitando.

Per tutta la vita aveva sempre mantenuto un senso di superiorità con persone che avevano avventure, disapprovando segretamente la sua amica Paola e il suo sesso extraconiugale 'alla spina'. Un mix della sua rigida educazione cattolica e '*la cadre*', le regole sempre presenti di ciò che è giusto e ciò che è sbagliato fare chiaramente definite.

Ma a Parigi, le demarcazioni si confusero, e lei si ritrovò imprigionata e come incatenata a lui, *Le PDG*, dimenticando anche il buon senso. E ora, Mr Wonderful aveva visto quella lettera.

"No, non l'ha letta. Non lo farebbe."
"Che cretina, ce l'ha in mano."

Gabrielle stava cercando di frugare nei compartimenti della sua memoria, ma non riusciva a ricordare quanti o quali luridi dettagli fossero menzionati.

"Ma non parla francese."

"Hai sentito parlare di Google, dell' Internet, eh eh!"

. . .

"È nel passato, è tutto passato," pensò. "E come fa a saperlo lui?" Era intervenuto il suo alter ego.

"Dannazione, non credo che ci sia una data nella lettera," si ricordò allora Gabrielle.

"Oh Dio, ha pianto," lei notò. "Ha capito la lettera ... "

"Pensa che stia succedendo adesso???"

"Cosa gli dico? Devo dire qualcosa?" Stava pensando, pensando...

"Forse posso far finta di niente; non ho fatto niente. Dopotutto, non lo so di sicuro; forse è successo qualcos'altro."

"Sì, giusto," la sua stronza alter ego disse.

"Aspetta, non ha ancora detto niente. No ciao, no tesoro," realizzò.

Era seduto lì, immobile e senza parole.

"Cosa sta pensando? Mi dirà qualcosa?"

. . .

"Perché non mi sta urlando contro? Perché non mi chiede niente?"

Il silenzio sembrava continuare come all'infinito, ogni secondo intriso di paura e sudore.

Il tempo si era fermato.

Nessuno dei due si mosse. Nessuno dei due disse una parola.

La stava guardando; lo stava guardando per quello che sembrava un'eternità.

Mr Wonderful voleva fare tante domande a Gabrielle.

"Chi è lui? Quando vi siete separati? Vi siete separati? Perché l'ha aveva lasciato? O sta pensando di lasciarlo? Cos'ha lui che non io non ho?"

Non aveva mai visto il lato più carnale e sensuale di Gabrielle, non quello che traspariva dalla lettera, e si chiedeva perché no. Forse era stata colpa sua.

"Sono stato troppo cavalleresco? Troppo romantico?"

. . .

Facevano sesso ogni giorno, ma era dolce, gentile, tenero, quasi puro. Mr Wonderful si rese conto di averla messa su un piedistallo, l'aveva idolatrata ed era stato troppo paziente con lei, cercando scuse per lei, spaventato di perderla.

"Sì, glielo andava a chiedere," concluse.

"E se lei mi dice che lo sta ancora vedendo in qualche modo? Cosa faccio?" ora stava sudando.

Il pensiero di non stare con lei lo faceva star male. Non sarebbe potuto restare, ma sapeva che non avrebbe potuto nemmeno andarsene. Allora, forse, era meglio dire niente. Chiedere niente, almeno per ora. Meglio aspettare che lei inizi la conversazione se lo va mai a fare.

Si stava mordendo nervosamente le labbra, cosa che faceva quando rifletteva su cose che la infastidivano.

"Sta per dirmi qualcosa? E se fosse arrabbiata? Arrabbiata che lui abbia esaminato 'le sue cose' e curiosato. Aveva imparato qualcosa su di lei prima che lei fosse pronta ad aprirsi sul riguardo."

La sua mano destra era stretta attorno alla tracolla della borsa, le sue nocche erano diventate bianche e il suo piede destro batteva leggermente. Mr Wonderful stava cercando d'identificare segnali su cosa fare dopo.

. . .

Drin drin …. driing driing …

Un guizzio delle palpebre.

"Perché non risponde al telefono? Fai qualcosa," Gabrielle pensava. La stava guardando.

"Oh aspetta, è il MIO telefonino," realizzò. Gabrielle cercò il suo cellulare nella sua borsa, ancora drappeggiata sulla sua spalla.

"Perché non riesco mai a trovare le cose in fretta quando ne ho bisogno"... Rossetto, penne, taccuino, occhiali da sole.

Driing driing …

"Dov'è il telefono fot…to?". Eccolo, in fondo, ovviamente.

"Ciao Paola," rispose, guardando Mr Wonderful che la stava fissando.

Gabrielle doveva esser sicura che lui sapesse chi stava chiamando. Per ogni evenienza. La conversazione continuò per un paio di minuti.

"Fammi controllare," poi aggiunse. "Paola sta chiedendo se vogliamo andare a cena stasera, l'ultimo barbecue della stagione", disse guardando Mr Wonderful. "Cucina Martin."

• • •

"Certo," lui rispose, sorprendendosi.

"A che ora ci vuoi lì?" Gabrielle chiese al telefono.

"Sette," disse con tono interrogativo rivolto a Mr Wonderful. Lui annuì.

"Va bene, le sette vano bene per noi," rispose a Paola. A Gabrielle sarebbe piaciuto parlare più a lungo con la sua amica, in privato, ma questo non era decisamente il momento giusto.

Alla fine, trovò il coraggio di parlare.

"Sei riuscito a fare il tuo lavoro?" chiese Gabrielle, con voce sommessa e tremante.

"Sì, grazie," rispose debolmente.

"Buona passeggiata?" chiese in cambio.

"Sì, grazie. Vado a farmi una doccia," seguì lei.

"OK," rispose, e per la prima volta in assoluto, non menzionò di andare sotto la doccia con lei.

. . .

"Devo uscire," poi aggiunse.

"Certo, devo lavorare comunque."

"OK."

Gabrielle si voltò e andò in bagno per ricomporsi. Chiuse la porta dietro di sé e inchiavò la porta per la prima volta da molto tempo.

"Dio santo, ho l'aspetto proprio come mi sento," disse scrutandosi allo specchio.

Era un semi-disastro: i suoi capelli erano dappertutto, rossa in faccia. E poi si rese conto che Mr Wonderful non si alzò per salutarla, né la baciò. La baciava sempre prima che lei uscisse di casa o quando stavano per separarsi e quando lei tornava, da qualsiasi luogo. Non importava per quanto poco o quanto tempo fosse stata via.

"Non mi ha baciato," ripeté a se stessa.

Finalmente, dopo quella che le sembrò una vita, uscì dalla doccia: si era strofinata così tanto che sembrava un pomodoro.

Gabrielle iniziò a ricomporsi e a vestirsi con i suoi abiti comodi per casa ma decenti per il lavoro, ma non riusciva proprio a farsi coraggio e uscire dal bagno.

· · ·

Premette la mano e l'orecchio contro la porta, cercando di capire se lui fosse ancora lì. Gabrielle non l'aveva sentito uscire e, in quel momento, non riusciva a sentire niente. Non un suono. Non era pronta per essere affrontata e parlare con lui. Forse poteva evitarlo almeno fino all'ora di andare da Paola. Non sapeva cosa dire. Non c'era davvero molto da dire. La relazione con *Le PDG* era finita da più di anno, nonostante i suoi tentativi di riconciliazione. Tuttavia, si rese conto che era più di questo.

Adesso le faceva male l'orecchio. Stava premendo così forte. Non uno scricchiolio. Alla fine aveva deciso che era ora di uscire e affrontare la musica. Gabrielle avanzò lentamente, quasi in punta di piedi, girando ogni angolo con trepidazione. Mr Wonderful aveva lasciato l'edificio. All'improvviso sentì il bisogno di correre alla sua scrivania.

"Dov'è la lettera?"

Non ce n'era nessuna traccia sulla scrivania; aveva aperto il cassetto con forza. No, non c'era.

"No, l'ha tenuta con se?" disse. "L'ha tenuta," ripetè più e più volte.

Le PDG le scrisse quella lettera quando temeva che Gabrielle stesse per interrompere la loro relazione e ora si frapponeva tra lei e l'uomo più sorprendentemente perfetto che avesse mai incontrato.

. . .

"Come posso spiegare cosa *Le PDG* aveva significato per me e perché?" non era nemmeno sicura di saperlo lei stessa fino in fondo.

Una cosa era certa. Gabrielle voleva disperatamente che Mr Wonderful lo sapesse; doveva sapere che non c'era nessun altro in quel momento. E non c'era stato nessun altro dopo di lui.

Beep beep beep…

Una notifica del calendario.

"Oooof, mi ero scordata" aveva programmato una chiamata zoom con la sua assistente virtuale per parlare del suo programma, della copertina del suo nuovo libro per bambini e delle interviste per il suo podcast. Era proprio quello di cui aveva bisogno, qualsiasi tipo d' attività per non pensare a quello che era appena successo.

Per la prima volta, non si prese la briga di truccarsi e decise di restare com'era, limitandosi a leggere i suoi appunti e prepararsi per l'incontro. La chiamata arrivò e passò ugualmente in fretta .

Ancora ore prima della cena da Paola e nessuna traccia di Mr Wonderful.

"Forse è meglio così." Almeno per ora.

. . .

Gabrielle aveva riflettuto su quanto si fosse sentita rienergizzata dopo il sabbatico a New York, con una nuova prospettiva sulla vita; aveva lavorato a fondo su se stessa e fatto un po' di introspezione. O almeno quanto ne era capace in quel momento.

Aveva scoperto di avere così tante difese e strati che faticava a penetrarle lei stessa. Si era rinchiusa in una gabbia - una gabbia autoimposta.

Per tutta la vita era stata una bohémien nascosta. Aveva sempre amato vivere alla grande, scandalosamente. Fuori era la figlia e la donna d'affari perfetta, ma dentro era sempre stata Isadora Duncan. Voleva una vita fuori dall'ordinario e succhiare il midollo dalla vita.

Ma voleva anche piacere alle persone... E così si era conformata. Così tanto che si era persa.

E poi era stato il turno di Parigi. Dopo il viaggio a New York, prometteva più libertà.

Con *Le PDG* Gabrielle era stata visceralmente coinvolta per la prima volta, una breve apparizione della sua identità nascosta. Tutte le emozioni, la passione, la sua capacità di espressione creativa e tutto ciò che aveva represso per così tanto tempo erano venute a galla insieme alla loro controparte più oscura: gelosia, rabbia, frustrazione e ossessione.

. . .

E nel processo, aveva infranto i suoi principi per soddisfare i suoi bisogni e si era persa nell'intensità di ciò.

La libertà, alla fine, non era stata affatto libertà. Ma più di tutto, aveva deviato dalla suo compasso morale. Isadora o no.

Londra, però, aveva iniziato a richiamarla.

Alla fine, non puoi veramente scappare da te stesso, tuttavia c'è sempre un posto che puoi semplicemente chiamare casa dove ti senti in pace e vivo.

Gabrielle aveva sempre amato Londra. Il suo anonimato, la sua modernità, la sua non convenzionalità e inconsuetudine. Storia e avanguardia, tradizione e modernità. La tolleranza delle religioni e delle razze. Le mancava lo stile di vita più rilassato e il multiculturalismo che Londra offre, la gentilezza generale e la mancanza di giudizio, compresi giudizio per gli standard sartoriali. Potresti uscire in pigiama e a nessuno importa.

London l'aveva chiamata quando era più giovane e la richiamò quando ne aveva avuto più bisogno.

Il suo soggiorno a Parigi si era concluso in modo abbastanza tranquillo; Gabrielle aveva iniziato a essere via dall'ufficio di Parigi sempre di più, lavorando da casa. Dalla casa londinese. I fine settimana prolungati fino al martedì e iniziati il giovedì.

· · ·

L'ufficio non se ne accorse perché di solito viaggiava comunque. L'unico che se ne era accorto era stato *Le PDG*. I loro incontri divennero sempre più rari. Non poteva essere più nella sua presenza. Il loro magnetismo era troppo forte e irresistibile. Non riusciva a controllarsi quando era con lui.

Londra la stava chiamando per scrivere il prossimo capitolo della sua vita.

Poi era come scoppiata la pandemia e il destino l'aiutò per liberarla dalla sua presa.

Gabrielle aveva giocato, si era allontanata e ora era pronta a ritrovare se stessa. Aveva lasciato il suo lavoro nell'azienda e iniziato una nuova carriera creativa che dava sfogo a tutta la sua passione che ribolliva sotto la superficie.

Tuttavia era ancora prudente nel sguinzagliare completamente Isadora, spaventata da ciò che era capace di fare. Almeno per ora.

Poteva vedersi con lui. Era pronta.

"Dov'è andato il pomeriggio?" disse, ma non c'era ancora traccia di Mr Wonderful.

"Dov'è lui?" Era ugualmente preoccupata per lui e in preda al panico.

. . .

"E se non torna?"

Dovrebbero davvero lasciare casa presto per andare da Paola.

"Ci vorrà del tempo per raggiungere il sud di Londra con il traffico dell'ora di punta," pensò, guardando l'orologio. Era pronta e in attesa.

Mr Wonderful guardò l'orologio.

"Dovrei davvero tornare indietro," ma non se la sentiva di fare il viaggio da Belgravia a Islington e poi di nuovo verso Richmond con Gabrielle, soli in macchina, tentando di fare due chiacchiere. Non adesso.

Aveva trascorso il pomeriggio nella sua casa di Eaton Square. Erano mesi che non andava lì.

Ricordava ancora l'emozione di acquistare la casa Regency con sette camere da letto e sette bagni da un hedge fund manager caduto in disgrazia a un prezzo stracciato. Mr Wonderful amava i giardini eleganti e le terrazze delle case con facciate stucco bianche con i portici a colonne e i dettagli in ferro nero battuto, tipicamente inglesi con strade tranquille e tradizionali e un'atmosfera discreta. Era come se non fosse mai partito; il suo personale aveva continuato come al solito.

. . .

Ma oggi la casa era fredda. Stava tremando.

Aveva conservato la lettera. Rileggendola. Cercando di razionalizzare. Era arrabbiato, soprattutto con se stesso.

Si era fatto una doccia, si era cambiato e preparato per uscire.

> "Sono a casa mia. Vado direttamente da Paola da qui. Ti aspetterò fuori così possiamo entrare insieme,"

le scrisse un messaggio.

Beep Beep …

Gabrielle riconobbe subito la suoneria. Era Mr Wonderful.

"Cosa? Merda," leggendo il testo. "Almeno viene e mi sta parlando … più o meno."

Ordinò un Uber e aspettò. Il viaggio in macchina sembrava più lungo del solito.

Quando l'Uber si fermò davanti a casa di Paola, Mr Wonderful stava appena scendendo dalla sua auto.

· · ·

"Non aspettarmi," spiegò al suo autista.

"Ciao," disse.

"Ciao," lei rispose.

Indossava la camicia di seta blu navy che lei gli aveva comprato con dei jeans scuri. La camicia faceva risaltare anche di più i suoi occhi azzurri. Poteva sentire il profumo *Dior Homme* come emanare da lui.

Mr Wonderful aveva portato fiori per Paola, rose dai colori bruciati e girasoli, e un paio delle bottiglie di vino rosso preferite da Martin, un Malbec.

"Grazie a Dio l'ha fatto," pensò Gabrielle; lei si era completamente dimenticata.

Gabrielle indossava il suo vestito preferito; sperava che se ne accorgesse.

"Hai un bell'aspetto," disse. Non poteva farci niente; lei era proprio bella.

"Grazie," rispose lei con un sorriso debole.

· · ·

"Era un segno?" stava riflettendo, ma Paola apparve sulla porta prima che potesse dire qualcosa.

"Ciao bellissimi," e li abbracciò entrambi.

"I miei preferiti," disse, accettando i fiori da Mr Wonderful.

"Che bella camicia caro," Paola aggiunse.

"Grazie," sfoggiando uno dei suoi smaglianti sorrisi. "Sei bellissima come al solito."

"Parole, parole … Venite, venite," dando loro il benvenuto.

Anche Martin era arrivato alla porta. Mr Wonderful aspettò che Gabrielle entrasse, tenendole la porta.

"Vedi Micio, si fa così," Paola aveva indicato al marito.

"Smettila di farmi fare brutta figura," disse Martin, ridendo e salutando Mr Wonderful, i due uomini chiacchierando tra di loro.

"Vieni, Gabri, aiutami con l'insalata," disse Paola. "Lascia che i ragazzi si occupino del barbecue."

· · ·

"Sicuro."

"Cosa c'è che non va?" chiese non appena erano fuori vista. Apparentemente, la sua faccia era un libro aperto.

Gabrielle ripercorse rapidamente gli eventi della giornata, controllandosi di tanto in tanto dietro le spalle .

"Ciccia mia," e poi Paola le diede un forte abbraccio. Nessun te l'avevo detto; nessun commento o recriminazione - solo un grande abbraccio caloroso.

"Divertiamoci un po' stasera e vediamo se riusciamo a oliare un po' le cose," disse Paola.

" Conquistare se stessi è la vittoria
migliore e più nobile;
essere sconfitti dalla propria natura è
la sconfitta peggiore e la più ignobile"

- Platone

DI NUOVO NELLE TUE BRACCIA

Mr Wonderful e Gabrielle arrivarono separatamente per cena a casa di Paola, una proprietà georgiana, affacciata su un laghetto con anatre situato nel tranquillo villaggio di Ham, a monte di Richmond.

Era consapevole di non mettere in imbarazzo Gabrielle davanti ai suoi amici anche se, molto probabilmente, era sicuro che le due donne avrebbero parlato di quello che era successo prima o poi.

Ma per quella sera voleva lasciarsi alle spalle gli eventi delle ultime ventiquattr'ore e godersi la serata. Gli piacevano entrambi, Paola e Martin.

"Coppia interessante," aveva pensato quando gli furono presentati per la prima volta.

Una donna italiana focosa e passionale e un uomo molto, molto inglese; non avrebbero potuto essere più diversi se ci avessero provato. Ma insieme andavano bene. Paola era un direttrice operativa di successo per un conglomerato globale, sempre in viaggio, e Martin, un direttore finanziario per un ente di beneficenza con sede nel Regno Unito.

Gabrielle conosceva Paola da anni grazie al loro lavoro e da allora si era tenuta in contatto.

"Non aspettarmi," lui disse al suo autista.

· · ·

"Ciao," lei disse.

Lo salutò mentre scendeva dall'auto; lei stava così bene, con indosso il suo vestito preferito, e sperava segretamente che fosse per lui. Un gesto.

Anche lui si era impegnato a presentarsi al meglio e indossava la camicia che lei gli aveva regalato e il suo profumo preferito.

"Ciao," rispose.

Mr Wonderful aveva portato fiori per Paola, rose dai colori bruciati e girasoli, e un paio delle bottiglie di vino rosso preferite da Martin, il Malbec. La sua segretaria teneva un registro con informazioni di tutte le persone che incontrava, personalmente e per lavoro, e cosa piaceva a loro: luoghi, eventi e cose e normalmente si occupava di tutto.

Ma di questo, si ricordò da solo.

Tutto ciò che aveva a che fare con Gabrielle e ciò a cui lei teneva era impresso in modo indelebile nella sua memoria.

Paola era accogliente e espansiva come al solito, salutandoli entrambi con un abbraccio.

"Ciao bellissimi," li accolse.

. . .

"I miei preferiti," aggiunse, accettando i fiori.

"Che bella camicia caro," continuò nel dire.

C'era anche Martin ad accoglierli.

Mentre Mr Wonderful aspettava che Gabrielle entrasse tenendole la porta, Paola disse al marito scherzosamente: "Vedi Micio, si fa così."

"Smettila di farmi fare brutta figura," seguì Martin, ridendo e salutando Mr Wonderful, mentre i due uomini chiacchieravano.

Mr Wonderful e Gabrielle avevano cercato di comportarsi in modo naturale, nessuno dei due voleva coinvolgere i loro amici nei guai, entrambi chiedendosi segretamente come la serata sarebbe andata a finire.

"Vieni, Gabri, vieni con me in cucina," dichiarò Paola. "Lasciamo i ragazzi a occuparsi della barbecue fuori."

Martin e Mr Wonderful uscirono e aprirono un paio di bottiglie di birra mentre preparando per il barbecue. Era una serata piacevole ma freddolina e il riscaldamento nel patio era acceso. Andavano a cenare sulla veranda all'aperto, approfittando probabilmente dell'ultimo giorno utilizzabile per cenare all'aperto del tardo autunno.

· · ·

Paola sapeva che c'era qualcosa che stava ribollendo sotto la superficie e sbottò: "Cosa c'è che non va?" non appena erano fuori vista, in cucina.

Gabrielle aveva creduto di essere riuscita a nascondere l'insicurezza che provava in quel momento, ma apparentemente no. Le raccontò gli eventi della giornata, guardandosi all spalle di tanto in tanto.

Paola era una persona impetuosa e un po' chiassosa ma sapeva esattamente cosa fare e quando "Ciccia mia," aveva detto e poi l'aveva abbracciata forte. No, te l'avevo detto; nessun commento o recriminazione, solo un grande abbraccio caloroso.

"Divertiamoci un po' stasera e vediamo se riusciamo a oliare un po' le cose," le disse.

Paola mise i fiori in un vaso al centro della tavola "Che belli," aveva detto poi sorridendo.

La tavola era straripante di cibo: antipasti assortiti all'italiana e spiedini di gamberi, polli spatchcock, insalata di verdure con maionese, insalata, il tutto innaffiato da abbondante vino, bianco e rosso.

La conversazione era fluida e fluente, chiacchierando di tutto e di più. Mr Wonderful e Gabrielle erano seduti l'uno di fronte all'altra, entrambi guardandosi furtivamente di tanto in tanto.

. . .

"Vieni ad aiutarmi con il dolce Gabri," disse Paola a incerto punto.

"Guai in paradiso?" chiese Martin dopo che le due donne erano scomparite in casa.

Mr Wonderful si voltò a guardare Martin, sorpreso.

"Beh, voi due siete sempre affettuosi e attaccati l'uno all'altro come con la colla , e stasera siete... ehm... solo... 'amichevoli'. Tutto OK?"

Stava per rispondere quando sentirono: "Ragazzi… chiudiamo le porte ed entriamo? Sta iniziando a far freddo fuori," chiese Paola sbirciando tra le porte.

Si guardarono l'un l'altro e iniziarono a spostare tutto per chiudere le porte-finestre, poi spensero il riscaldamento nel patio.

Paola aveva servito del tiramisù e ancora più vino nel salotto dove erano sistemati grandi divani colorati e paffuti che creavano una zona raccolta e accogliente. Era un posto dove rilassarsi comodamente, stile country inglese, tipo shabby chic.

Il tiramisù e più vino furono seguiti da brandy, caffè e ancora brandy finché non si addormentarono tutti.

· · ·

Gabrielle si svegliò, la prima luce del mattino che le accarezzava il viso. La sua testa era appoggiata sul torace di Mr Wonderful, il suo braccio intorno a lei. Non riusciva a ricordare come fossero finiti in quel modo, ma era contenta che l'avessero fatto.

Si guardò intorno e vide Martin che dormiva sulla poltrona, la testa reclinata all'indietro, russando a bocca aperta. Paola era già in piedi.

"Shhhh," sussurrò, indicando i due uomini ancora addormentati.
"Che serata!"

"Grazie!" disse Gabrielle, alzandosi dal divano.

"Nessun problema ciccia," rispose Paola, affrettandosi e cercando di prepararsi.
"Devo infilarmi sotto la doccia. Ho una riunione questa mattina presto," aggiunse a bassa voce. "Puoi usare il secondo bagno se vuoi farti una doccia,"disse ancora.

"No va bene. Devo tornare a casa e cambiarmi in ogni caso. Ho un colloquio stamattina," disse Gabrielle guardando Mr Wonderful che stava ancora dormendo.

"Non ti preoccupare," menzionò Paola, "ci penserà Martin. Mandagli un messaggio."

· · ·

Gabrielle annuì, raccogliendo alcuni dei bicchieri ancora sul tavolo.

"Cosa stai facendo? Lascia, lascia. I ragazzi possono occuparsene; Martin non lavora oggi. Hai pensato a cosa farai?"

"Non ancora," rispose Gabrielle.

"Beh, fammi sapere se hai bisogno di qualcosa. Chiamami se hai bisogno di parlare."

"Grazie," disse Gabrielle abbracciando Paola mentre usciva di casa.

"Buongiorno, raggio di sole; come ti senti?" chiese Martin mentre Mr Wonderful si stava svegliando e stiracchiando sul divano. Erano passate un paio d'ore da quando le due donne erano uscite di casa.

"Buongiorno," rispose. "OK, credo. Quanto abbiamo bevuto?" chiese poi guardandosi intorno.

Martin mosse la mano indicando le tante bottiglie e bicchieri vuoti sul tavolo "Molto," disse.

"Le ragazze sono già uscite," aggiunse Martin. "Entrambe hanno riunioni questa mattina," ripetè Martin leggendo un bigliettino da Paola, rendendosi conto che lui stava cercando Gabrielle.

Mr Wonderful aveva controllato il suo telefono e visto un suo messaggio:

> Devo tornare a casa e cambiarmi. Ho un colloquio stamattina. Ci vediamo a casa più tardi? G xx

"Caffè?"

"Prima ho bisogno di una doccia," disse, tenendosi la fronte "per favore," chiese Mr Wonderful.

"Certo," rispose Martin iniziando a raccogliere le bottiglie e i bicchieri vuoti. "Ci sono asciugamani puliti nel secondo bagno che puoi usare."

"Grazie. Lascia che ti dia una mano a riordinare prima."

Dopo che entrambi avevano fatto una doccia e bevuto un caffè, Martin disse: "Usciamo a fare colazione. Tutti e due abbiamo bisogno di una boccata d'aria fresca."

"Vuoi parlarne?" chiese poi mentre uscivano di casa.

· · ·

C'era un brivido nell'aria; Mr Wonderful annuì, rabbrividendo, ancora indossando solo la sua camicia di seta.

"Brrr... Entriamo in questo caffè," dichiarò Martin "Fa troppo freddo per camminare."

Si sedettero ed entrambi ordinarono una colazione all'inglese completa. In qualche modo l'ubriacarsi e l'abbondanza di cibo della sera prima li avevano resi entrambi affamati.

"Allora, vuoi parlare di cosa sta succedendo?"

Mr Wonderful era riluttante ad aprirsi. Tuttavia, aveva bisogno di togliersi il peso dallo stomaco e dalla prospettiva sulla storia di qualcun altro, e così procedette a descrivere gli eventi del giorno precedente: quando aveva trovato la lettera, leggerla, i suoi dubbi sulla relazione, Gabrielle che tornava a casa e poi quando si era nascosta nel bagno.

Martin ascoltò attentamente, e poi disse con il suo aplomb inglese: "Allora non è successo niente…"

Mr Wonderful lo guardò, sorpreso.

"Voglio dire, non hai litigato. Non l'hai beccata in flagrante o qualcosa del genere."

· · ·

"Beh no. No," protestò.

"Hai solo trovato una lettera da un amante. OK, un amante appassionato, te lo concedo."

"Sì, ma…" quando sentì il riassunto della giornata messo così semplicemente da Martin, si sentì sciocco.

"Ho esagerato nella mia reazione?" pensò.

"La lettera potrebbe essere stata da un amante presente, ma quanto è probabile? Voi due state insieme ventiquattro ora al giorno, sette giorni all settimana da quando vi siete conosciuti."

Mr Wonderful si stava rendendo conto di quanto fosse stato stupido quando Martin chiese: "E se l'avesse? E se avesse davvero un'altra relazione? Cosa faresti?"

"Non potrei restare …"

"Tu l'ami?" insistette a chiedere.

"Lei è l'amore della mia vita," le parole uscirono dalla sua bocca spontaneamente .

"Allora, qual è il problema?"

. . .

Mr Wonderful non riusciva a credere di aver appena sentito quel commento quando all'improvviso Martin sbottò: "Paola sta avendo una relazione," fece una pausa, "Beh, sesso regolare con qualcuno, per essere precisi."

"Paola è una donna molto passionale," continuò. "Non sono mai stato molto così propenso. Tutto quello che ho sempre desiderato era una compagna e una famiglia. È una madre straordinaria e una brava moglie. Abbiamo una vita fantastica: lei ha la sua carriera, io ho la mia famiglia. E non potrei mai lasciare le mie ragazze."

Mr Wonderful non sapeva cosa dire a questo punto. Aveva un'espressione di rassegnata accettazione sul volto. Riconosceva che forse Martin aveva bisogno di parlare tanto quanto lui, se non di più.

"E a te va bene?" chiese, rendendosi conto di avere uno sguardo incredulo sul volto quando Martin rispose: "Non esattamente, ma ho imparato a conviverci. Lei sta attenta."

"Ne avete parlato voi due?"

"Oh no, certo che no. Lei pensa che io non lo sappia. L'ho scoperto per caso." Prese un morso dalla sua colazione e un sorso di tè. "Un SMS. Da lui. L'avrebbe incontrata all'aeroporto."

. . .

Paola tornava in Italia ogni qualche mese per lunghi fine settimana per visitare la madre malata, e così si incontravano se era conveniente per entrambi. Una bevuta e sesso fino alla prossima volta.

Mr Wonderful era senza parole. Aveva riflettuto su cosa avrebbe fatto se risultasse che Gabrielle aveva davvero una relazione. Sapeva che non avrebbe voluto stare senza di lei. Ma il pensiero di un altro uomo che la baciava, la toccava, o peggio, dentro di lei quando erano intimi gli faceva rivoltare lo stomaco.

"Devi decidere cosa è più importante per te. Per me è la mia famiglia. E io la amo. So che non posso darle ciò di cui ha bisogno," aveva dichiarato Martin.

"Capisco il TUO punto di vista," disse Mr Wonderful, sorseggiando il suo forte caffè "Ma, vedi, la donna descritta nella lettera non era la *Mia* Gabrielle; non l'ho riconosciuta…"

"E di chi è la colpa?" lo interruppe Martin.

Mr Wonderful fu sorpreso dalla franchezza della domanda.

"È una donna in carne e ossa con i suoi difetti e i fallimenti. Carne e sangue, amico mio. E tu l'hai messa su un piedistallo, idolatrata. Non puoi fare l'amore appassionato con qualcuno che hai paura di rompere; anche io lo so."

· · ·

Così semplice ma così dolorosamente vero.

I due uomini rimasero per un po' in quel locale, trovando conforto l'uno nell'onestà dell'altro, per la prima volta dopo tanto tempo. Una nuova amicizia era nata.

Dopo che furono trascorse alcune ore, Mr Wonderful tornò a Eaton Square, a casa sua. Si era cambiato, aveva letto qualche e-mail e fatto delle telefonate.

Temeva di tornare da Gabrielle; forse aveva creato un grande dramma dal nulla e ora non era sicuro di come affrontare la situazione.

Aveva ancora molte domande che voleva farle. Voleva sapere di quella Gabrielle che gli aveva nascosto; era colpa sua? Non la soddisfaceva? Ma soprattutto, aveva bisogno di sapere se c'era qualcun altro nella sua vita a parte lui.

Gabrielle era tornata a casa; la casa era così vuota senza di lui. Anche se la sera prima sembrava un passo verso il ritorno alla normalità, sapeva che c'era ancora qualcosa da rammendare.

Si sedette alla sua scrivania, accarezzando il vecchio mobiletto, sperando che la sua *Mamé* le desse dell'ispirazione su cosa fare dopo.

"*Mamé*, cosa devo fare? Parlami,", chiese.

· · ·

Gabrielle aveva sempre sentito di avere un legame speciale con sua nonna, e ora che aveva fatto la sua transizione, poteva sentire la sua energia con lei nei momenti più difficili.

"Cosa posso fare ora?" Lei ripeté.
E poi le venne in mente: doveva scrivergli.

In questo momento, metter parole su carta sembrava l'unico modo per essere di nuovo, completamente nelle sue braccia. Dopo tutto, era stata una lettera a separarli. Era sempre stata più brava a scrivere che a parlare in ogni caso.

Prese il suo taccuino e iniziò:

"Tesoro mio, amore mio.

Non posso essere scaltra o distante con te: ti adoro troppo per questo.

"Sembra troppo 'da scrittrice'?" si chiese. "Non importa. Scriverò come mi sento, non importa come può apparire."

… Non hai idea quanto posso essere distante con le persone che non mi stanno a cuore.

. . .

Fece una breve pausa...

O forse lo sai. Hai frantumato le mie barriere.

"Potrà pensare che sono dispiaciuta per questo?" lei considerò.

E non ti biasimo per questo.

Aggiunse, per ogni evenienza.

Non ci sono abbastanza parole per dirti cosa provo.

È una sensazione che provo solo ogni volta che sei vicino, e ho paura di svegliarmi da questo sogno.

L'intera relazione era sembrata un sogno, dal momento in cui si erano incontrati fino ad ora. Una favola, per la precisione. Lei era la damigella in pericolo, e lui era il cavaliere dall'armatura scintillante che l'aveva salvata. Da se stessa.

Nelle tue braccia è dove voglio essere. Di nuovo.

Niente mi fa mai sentire così bene come quando mi stringi forte, le tue braccia avvolte intorno a me.

Sorrise, pensando a come Mr Wonderful non potesse addormentarsi senza abbracciarla e quanto la facesse sentire al sicuro.

Avevo quasi dimenticato cos'é l'amore finché non ti ho incontrato.

Il tuo primo tocco, il primo bacio, la prima volta che mi hai tenuto vicino.

"Mr Wonderful bacia da Dio." Sorrise mentre si leccava dolcemente le labbra. I suoi baci, un'anteprima della passione che covava sotto la superficie. Si era sempre meravigliata di quella passione e sul perché non fosse esplosa del tutto.

E con il passare del tempo, sapevo che saresti stato l'ultimo.

Ti amo più di quanto avessi mai creduto di essere capace.

Dopo la sua esperienza quasi viscerale con *Le PDG* aveva creduto di aver raggiunto la sua capacità totale di amare. Ma da allora si era resa conto che lui era semplicemente stato il catalizzatore per liberare una parte di sé repressa da troppo tempo che non vedeva non l'ora di uscire. Ed era venuta fuori, veramente, in una maniera tumultuosa e confusa, mettendo tutto a soqquadro. Non aveva ancora imparato a controllare questi sentimenti dentro di lei.

Gabrielle fece una pausa.

Sapeva che non stava affrontando la vera 'storia': cosa era successo, quando e come.

"Ne ho bisogno?" Quei dettagli erano irrilevanti per lei. Voleva che soprattutto sapesse dei suoi sentimenti per lui. Tuttavia, sapeva che qualcosa doveva essere detto per il bene di entrambi.

Hai intravisto un passato ormai lontano e dimenticato...

---

lei scrisse …

Un passato in cui ero ancora alla ricerca di me stessa.

Mi hai mostrato così tanto, più di quanto saprai mai. Mi hai rivelato il meglio di me, il meglio di me che avevo perso.

Gabrielle amava il suo riflesso nei suoi occhi, l'essere venerata e adorata. Lui la vedeva come lei aspirava ad essere, ma non era ancora .

È semplicemente impossibile per me dire quanto ti sia grata.

"Aspetta, non risuona bene. Cancella."

~~grata~~.

"No, Io SONO grata. Molto!"

.. veramente grata

,aggiunse di nuovo.

Mi fai sentire come se posso volare.

Non importa quello che lei provava a fare nella sua vita, lui l'aveva sempre incoraggiata. Mr Wonderful la faceva sentire forte e potente mentre, allo stesso tempo, la proteggeva.

Non credo che tu capisca quello che l'effetto che hai su di me perché è impossibile da vedere. Non ti ho mai detto cosa provo quando mi tieni la mano.

Gabrielle poteva sentire il suo stomaco agitarsi...

Ho trovato il mio nido tra le tue braccia, dove finalmente posso imparare a lasciar andare. Sto ancora imparando.

"Sarà abbastanza?" rifletté.

Nelle tue braccia, sono a mio agio; il mondo scompare, siamo solo tu ed io e nient'altro conta.

Nelle tue braccia, mi sento libera; posso essere più di quanto abbia mai pensato possibile e più forte.

Hai sistemato il mio casino e guarito le mie ferite, e ora sto ricominciando a essere completa.

Gabrielle si era sentita 'impura' dopo Parigi.

Anche se ha sempre avuto una visione molto liberale del sesso e delle relazioni, aveva sempre demarcato il limite a coinvolgersi con uomini che avevano qualsiasi tipo di legame. E a Parigi, aveva perpetrato il peccato estremo; una relazione con un uomo sposato. Ricordava come si era sentita quando lei era stata tradita prima.

La rabbia. Il disgusto.

Ciononostante, era come se avesse avuto un'esperienza extracorporea. Come se fosse stato qualcun altro ad avere la relazione extra coniugale, non lei. Si vergognava. L'unica cosa che le era mancata di quel periodo era la parte più carnale di sé che aveva riscoperto e che ora aveva messo di nuovo in attesa. Almeno finché non avesse saputo controllarla e dirigerla in modo più positivo,

Nelle tue braccia ho trovato il mio scopo, e non c'è niente che non posso fare, nessun limite che non posso trascendere.

Nelle tue braccia tutto è possibile.

Nelle tue braccia, trovo sicurezza come nessun altra, e posso respirare profondamente, sapendo che mi terrai sempre vicina e non mi farai mai del male.

Per favore, tesoro mio, tienimi vicina, non lasciarmi andare.
Il mio cuore ti appartiene. Questo lo devi sapere.
Voglio essere con te, non solo per oggi ma rimanere per sempre nelle tue braccia.
Nelle tue braccia, sono a casa."

Dopo avere aperto il suo cuore e riversato su carta, Gabrielle si rilassò sulla sedia.

Tap, tap ...., scrosssh, splash, splash… rat-a-tat-tat

Aveva cominciato a piovere, le gocce schizzavano contro la finestra. Si era seduta lì a rileggere ciò che aveva scritto e a pensare se avrebbe dovuto digitarlo, ma aveva deciso di non farlo e ha copiato le sue parole per intero nella sua carta da lettere monogrammata.

A mano.

. . .

Si stava facendo buio. Ripiegò con cura la lettera in una busta, ci scrisse sopra il suo nome e poi la lasciò sulla scrivania.

Mr Wonderful non era ancora tornato a casa. Gabrielle si stava chiedendo se aspettarlo o uscire: doveva far un salto in tintoria per ritirare qualcosa di cui aveva bisogno per il giorno dopo e per fare della spesa. Non aveva ancora figurato come affrontare il soggetto quando lo vedeva: cosa dire, come dirlo, come consegnargli la lettera.

Guardò l'orologio "La lavanderia a secco chiuderà presto; devo andare," decise.

Mr Wonderful guardò l'orologio, "È ora di tornare da Gabrielle," pensò.

Aveva contattato l'autista per aver l'auto pronta in cinque minuti mentre faceva un salto dal fioraio della porta accanto. "Gabrielle ama i fiori."

"Una dozzina di rose rosa," disse al fioraio. Un bouquet per scusarsi.

L'autista l' aveva portato alla casa di Islington. In qualche modo si sentiva più a suo agio lì che a casa sua. Ovunque lei fosse, era casa per lui.

"Gabri,", chiamò entrando in casa.

. . .

Non c'era nessuno lì.

Si guardò intorno, ma lei non c'era. Salì le scale dove era cominciato tutto il trambusto. Ed eccola lì; una busta chiusa con il suo nome sulla spoglia scrivania.

Si sedette nella stessa sedia dove ventiquattr'ore prima aveva trovato l'altra lettera. Questa volta, però, aprì la busta con un senso di anticipazione, spiegò la lettera scritta a mano e iniziò a leggere:

"Tesoro mio, amore mio...

Lesse lentamente, assorbendo ogni parola.

... Avevo quasi dimenticato cos'é l'amore finché non ti ho incontrato..

La lesse e rilesse sezionando ogni parola.

Hai intravisto un passato ormai lontano e dimenticato. Un passato in cui ero ancora alla ricerca di me stessa.

Gabrielle non aveva davvero parlato di quello che era successo, ma qualunque cosa fosse, ormai era finita. Nel profondo del suo cuore, ci credeva.

Quando Mr Wonderful alzò lo sguardo, la vide: Gabrielle era in piedi di fronte a lui, con aria nervosa.

Era passato solo un giorno, ma gli era mancato abbracciarla, baciarla.

Si alzò e andò verso di lei. Le lacrime le scendevano sulle guance.

"Ti amo," lei disse.

"Ti amo anch'io," rispose.

E così lei era di nuovo nelle sue braccia dove apparteneva.

IL PIÙ GRANDE AMORE

"Tesoro mio, amore mio.

Non posso essere scaltra o distante con te: ti adoro troppo per questo.

Non hai idea quanto posso essere distante con le persone che non mi stanno a cuore. O forse lo sai.

Hai frantumato le mie barriere. E non ti biasimo per questo.

Non ci sono abbastanza parole per dirti cosa provo.
È una sensazione che provo solo ogni volta che sei vicino, e ho paura di svegliarmi da questo sogno.

Nelle tue braccia è dove voglio essere. Di nuovo.

Niente sembra mai così bene come quando mi stringi forte, le tue braccia avvolte intorno a me.

Avevo quasi dimenticato cos'é l'amore finché non ti ho incontrato.
Il tuo primo tocco, il primo bacio, la prima volta che mi hai tenuta vicino.
E con il passare del tempo, sapevo che saresti stato l'ultimo.
Ti amo più di quanto avessi mai creduto di essere capace.

Hai intravisto un passato ormai lontano e dimenticato, un passato in cui ero ancora alla ricerca di me stessa.

Mi hai mostrato così tanto, più di quanto saprai mai. Mi hai rivelato il meglio di me, il meglio di me che avevo perso.

È semplicemente impossibile per me dire quanto ti sia veramente grata

Mi fai sentire come se posso volare.

Non credo che tu capisca quello che l'effetto che hai su di me perché è impossibile da vedere. Non ti ho mai detto cosa provo quando mi tieni la mano.

Ho trovato il mio nido tra le tue braccia, dove finalmente posso imparare a lasciar andare. Sto ancora imparando.

Nelle tue braccia, sono a mio agio; il mondo scompare, siamo solo tu ed io e nient'altro conta.

Nelle tue braccia, mi sento libera; posso essere più di quanto abbia mai pensato possibile e più forte.

Hai sistemato il mio casino e guarito le mie ferite, e ora sto ricominciando a essere completa.

Nelle tue braccia ho trovato il mio scopo, e non c'è niente che non posso fare, nessun limite che non posso trascendere.

Nelle tue braccia tutto è possibile.

Nelle tue braccia, trovo sicurezza come nessun altra, e posso respirare profondamente, sapendo che mi terrai sempre vicina e non mi farai mai del male.

Per favore, tesoro mio, tienimi vicina, non lasciarmi andare.
    Il mio cuore ti appartiene. Questo lo devi sapere.
    Voglio essere con te, non solo per oggi ma rimanere per sempre nelle tue braccia.
    Nelle tue braccia, sono a casa."

E rano passati giorni da quando l'aveva letta per la prima volta. Mr Wonderful aveva conservato il biglietto scritto a mano di Gabrielle ben ripiegato nel portafoglio, l'unico ricordo degli eventi. Da allora, la vita era continuata immutata.

Era, ovviamente, felice: non poteva immaginare una vita senza di lei. Ma i commenti di Martin risuonavano nella sua testa senza sosta.

"E di chi è la colpa?" aveva detto Martin. "È una donna in carne e ossa con i suoi difetti e i suoi fallimenti. Carne e sangue, amico mio."

"Sì, lo era," lo aveva scoperto nella lettera del suo ex amante, "carne e di sangue, sudore e di lacrime. Non aveva mai visto 'Quella' Gabrielle," pensò.

"E tu l'hai messa su un piedistallo, l'hai idolatrata. Non puoi fare l'amore appassionato con qualcuno che hai paura di spezzare; lo so anche io" Martin aveva inoltre constatato.

E aveva ragione: Mr Wonderful aveva paura di perderla e spezzarla; l'aveva idolatrata.

"Mi hai rivelato il meglio di me, il meglio di me che avevo perso." Gabrielle aveva scritto.

· · ·

E lei era *"veramente grata "*per questo, ricordò.

Questa versione esaltata ma fragile di Gabrielle nella sua testa non gli permetteva di amarla con la passione sfrenata di cui era capace e di soddisfare i suoi bisogni, né le permetteva di essere se stessa. Completamente.

"Avrebbe reagito allo stesso modo alla lettera se non avesse pensato a lei in quel modo?" questo pensiero rimuginava ripetutamente nella sua testa.

"Probabilmente no," aveva concluso. Le sue aspettative su di lei e su se stesso erano forse romantiche di un'epoca passata.

L'amava per quello che poteva vedere che era sotto il suo scudo protettivo, e voleva proteggerla.

L'amava per quello che lui poteva esserlo quando era con lei.

Nel profondo del suo cuore, sapeva che entrambi avevano bisogno di diventare più 'umani.'

Entrambi erano innamorati della versione idealizzata di sé quando erano insieme.

"Mi hai rivelato il meglio di me, il meglio di me che avevo perso," …
   tam tam tamburellandogli in testa…

. . .

… "Nelle tue braccia, trovo sicurezza come nessun altra, e posso respirare profondamente, sapendo che mi terrai sempre vicina e non mi farai mai del male."

"Sicura," pensò, "si sente al sicuro," ripeté.

Sapeva di volere sempre che lei si sentisse al sicuro, ma non COSÌ *tanto*. Desiderava soddisfare i suoi bisogni e desideri più profondi. TUTTE le sue esigenze. E le proprie.

Aveva vissuto una vita viscerale molto motivata e appassionata in ogni area prima, tranne l'amore, e lo voleva. Ne aveva bisogno. E ora non poteva più ignorarlo; sapeva che nemmeno lei poteva.

… "Hai sistemato il mio casino e guarito le mie ferite, e ora sto ricominciando a essere completa," … tam tam.

Qualcosa la stava fermando però, e non era pronta a parlarne.

Aveva notato che Gabrielle era stata particolarmente premurosa con lui e più espansiva del solito. Non sapeva come incoraggiarla a lasciare andare e lasciarlo entrare, anche se solo un po' di più.

Mr Wonderful ripiegò il biglietto e se lo mise nel portafoglio.

. . .

"Tempo," disse. "Ci vorrà tempo," ripeté per convincersi.

Gabrielle era contenta che le cose fossero tornate alla normalità. Mr Wonderful era cavalleresco come al solito e non aveva più fatto domande sulla lettera infame.

Sembrava sinceramente sorpreso e contento che lei gli avesse scritto ed espresso i suoi sentimenti.

"Non è stato così doloroso come mi aspettavo," pensò. "Dovrei farlo più spesso," aveva poi affermato.

Ma la vita prese il sopravvento e lei si dimenticò la sua promessa.
Più tempo passò.

Mr Wonderful, invece, voleva sapere di più, sempre di più. Si rese conto che se non avesse spinto e cercato, lei non avrebbe offerto più approfondimenti sulla sua vita passata o neanche sulla sua anima.

"Quanto era durata la relazione?" Le chiese un giorno.

Sapeva che era finita, ma desiderava saperne di più.

. . .

"Dev'essere stata una storia importante, altrimenti non avrebbe conservato quella lettera."

"Perché era stata così doloroso?" non riusciva a capire.

"Perché continuava a resistere e non si abbandonava al puro piacere mentre facevano l'amore?"

Un pomeriggio era entrato da lei mentre lei si masturbava. Rimase lì a guardare in silenzio, a sua insaputa. Aveva assistito al suo puro abbandono della carne e alla gioia nell'atto. Il suo volto estasiato, la voce rauca.

La osservò mentre si toccava espertamente, sapendo come farlo lentamente o come venire rapidamente diverse volte. Ma non con lui. Stava cominciando a pensare che il problema ERA lui.

Gabrielle sembrava sempre agitarsi, a disagio sotto le sue domande, rispondendo velocemente e cambiando il soggetto rapidamente.

Mr Wonderful ora, sapeva di volere di più. E lei era capace di più.

Cercò di emulare quello che le aveva visto fare.

La toccò come lei si era toccata. La toccò dove lei si era toccata.

. . .

Ma Gabrielle riusciva sempre a trattenersi al punto che lui era sicuro che stesse fingendo l'orgasmo 'per finire in fretta.'

"Meritava di più," pensava.

E non si trattava solo di sesso, anche se sentiva il bisogno di un'esperienza più carnale. Si trattava più dell'intimità, la capacità e la volontà di essere vulnerabili l'uno con l'altro. E di potersi fidare l'uno dell'altro.

Lui le aveva raccontato della sua famiglia, del padre violento e donnaiolo che aveva abbandonato sua madre e altri quattro fratelli, della loro lotta per lungo tempo e di come aveva fatto la sua fortuna.

Lei conosceva tutta la storia della sua vita. Era stato delicato riguardo ai dettagli delle sue relazioni passate, anche se la maggior parte erano state raccontate ampiamente dalla stampa ed erano di dominio pubblico, almeno i pettegolezzi. Tuttavia, non le aveva nascosto nulla e aveva risposto a tutte le sue domande.

A volte sembrava curiosa, e lui era contento che mostrasse interesse. Ma non era disposta o in grado di farlo lei stessa.

Mr Wonderful aveva vissuto con Gabrielle nella sua casa di

Islington e si era reso conto che lei non aveva mai nemmeno passato la notte da lui.

Le aveva dato un mazzo di chiavi e fatto spazio nel suo guardaroba. Anche se non voleva necessariamente tornare a vivere a Belgravia, desiderava almeno che lei ci provasse.
Sperava che lo facesse.
Voleva che lo facesse.
Aveva aspettato che lo facesse.

Più tempo passò.

Gabrielle tornò a casa dopo aver fatto alcune commissioni e trovò un set di valigie davanti alla porta. Non le riconosceva.

"Forse Mr Wonderful aveva programmato una fuga a sorpresa insieme?" pensò eccitata.

"Tesoro?" chiamò. Si guardò intorno e lo trovò al piano di sopra, seduto alla sua scrivania con addosso il cappotto.

"Ciao," lei disse.

Quando lui alzò lo sguardo, Gabrielle si rese conto che qualcosa non andava.

· · ·

Mr Wonderful non avrebbe mai pensato che sarebbe mai arrivato a questo, dicendo addio.

Gabrielle lo stava fissando, impaurita.

"Tesoro mio," disse. "Credo che sarebbe meglio se ci prendessimo una pausa per un po'."

Gabrielle lo guardò incredula; non riusciva a credere che lo stesse dicendo. Le lacrime iniziarono a scenderle sulle guance.

"Non possiamo..."

"Perché non possiamo stare insieme?" interruppe, piangendo.

Voleva disperatamente sapere perché doveva dire addio. "Sicuramente no; ho capito male."

Voleva disperatamente che lui le dicesse perché non potevano stare insieme.
    Si amavano, vero?

"Ti amerò per sempre," continuò.

Poi si avvicinò a lei e le prese il viso tra le mani mentre guardava quei grandi occhi castani di cui si era innamorato. Le asciugò lentamente le lacrime, cercando di essere forte per entrambi. Ma era duro, più difficile di quanto avesse immaginato, e non riusciva a controllarsi.

La tenne nelle sua braccia un po' più a lungo e le disse che l'avrebbe aspettata.

"Tesoro mio, le tue ferite sono ancora aperte e tu sei l'unica che può veramente guarirle e farti sentire completa. Sentirti a tuo agio con ogni parte di te e con ciò di cui hai bisogno e desideri".

Gabrielle non riusciva a capire cosa stesse dicendo.

"Non dovresti avere paura di te stessa e di quello che puoi essere. Ma mia cara, devi sapere che io ti aspetto, non importa quanto tempo ci vorrà, se mi vorrai ancora."

Era confusa. Aggiunse che sarebbe stato in grado di tenerla stretta, presto, e non doverla mai più lasciare andare, sentì.

Presto.

Ma il dolore di dire addio era troppo in questo momento.

"Non piangere," Mr Wonderful disse con le lacrime agli occhi.

. . .

"Per quanto tempo devo stare senza di te?" lei sussurrò.
"Per quanto?" disse singhiozzando. "Per favore, dimmelo."

"Non ti scordar di me," aggiunse, incerto su come rispondere.

"Come potrei mai?" lei pensava.

"Non potrei mai vivere pienamente la mia vita senza di te," disse, incapace di trattenere le sue emozioni, "Sei la parte migliore di me," e altre lacrime iniziarono a scorrerle sulle guance.

"Facciamo un appuntamento," lui dichiarò. Aveva troppa paura a lasciare la data aperta. Aveva bisogno di una data per poter guardare al futuro.

"Incontriamoci in cima all'Empire State Building," propose speranzoso. Avevano guardato insieme molte volte *Un amore splendido*, ed entrambi adoravano quanto il film fosse profondamente romantico.

Gabrielle sorrise tra le lacrime, annuendo.

"Sei mesi da oggi," sentiva un dolore profondo, pensando a come avrebbe potuto vivere senza di lei per così tanto tempo. Ciononostante, sapeva che lei aveva bisogno di tempo.

· · ·

"Ti aspetterò" la avvicinò a sé mentre la avvolgeva tra le sue braccia, il tempo che gli stava sfuggendo dalle mani.

"Ti amo."

Mr Wonderful l'abbracciò più forte. Sperando che se si fosse tenuto più stretto a lei, non avrebbe dovuto lasciarla.

Poi la baciò dolcemente sulla fronte e, proprio così, se ne andò - ogni segno di lui. L'autista aveva ritirato tutti i suoi bagagli.

Gabrielle rimase seduta in silenzio per ore. Un forte e profondo vuoto dentro di lei.

Il giorno dopo ricevette un biglietto aereo per New York con la data esatta di sei mesi.

"Io ti aspetto," sulla note che l'accompagnava.

Le lacrime iniziarono a rigarle il viso quando aveva pensato di non averne più da risparmiare. Nelle settimane successive, Paola e Martin si erano stretti attorno a fecero del loro meglio per farle compagnia.

Ma, piano piano, si era ritrovata sola, a ricominciare.
    Passò molto tempo prima che potesse comprendere appieno il motivo per cui se n'era andato.

. . .

"Ti amo," .... mormorò nel caldo abbraccio che stavano condividendo, ma presto sentì le sue mani aggrapparsi al nulla.

Si svegliò e aprì gli occhi lentamente, spaventata all'idea di arrivare a una realtà in cui lui se n'era andato.

Ma una volta che lo fece, Gabrielle si rese conto di essere di nuovo sola. Si strinse le braccia attorno a se stessa. Tenendosi stretta, cercando di sentire di nuovo il suo calore.

"Ti amo!" Gridò nello spazio vuoto, sperando che dovunque fosse, lui la sentisse.

Passarono giorni e mesi.

Gli incubi di Gabrielle si placarono gradualmente, sostituiti da ricordi vividi e gioiosi. Lentamente ma inesorabilmente, aveva cominciato a ritrovare la strada verso se stessa. E doveva ringraziare lui.

Ora poteva vedere.

Gabrielle aveva ritrovato la sua Isadora Duncan interiore e aveva imparato a incanalare positivamente il suo desiderio e la brama di vivere per il suo bene superiore. Ma non solo nella sua nuova carriera creativa questa volta.

. . .

Invece di comparare il presente con il futuro o il passato, viveva interamente nel presente, assaporando ogni momento.

Con la morte della sua identità passata, a lungo attesa, e la nascita di un'altra, più felice e superiore, Gabrielle rimase eretta e forte, sollevandosi sempre più in alto, finché le sue ali spiegate non si trasformarono in fuoco.

Finalmente aveva trovato un posto dove restare, innamorata.

Trova l'amore che cerchi trovando prima l'amore in te stesso. Impara a riposare in quel luogo che è la tua vera casa

Sri Sri Ravi Shankar

PARTE IV

LE NOVE VITE DI GABRIELLE: PER TRE ...

BONUS

Qualche volta, nove vite non sono abbastanza …

IO TI ASPETTO

M r Wonderful stava lottando per mantenere la calma; Gabrielle lo stava guardando incredula, un misto di dolore e incredulità traspariva dal suo bel viso. Ci volle tutta la sua forza per districarsi da Gabrielle e dal loro ultimo abbraccio.

Mentre usciva, la poteva sentire singhiozzare e mormorare: "Non lasciarmi, per favore non lasciarmi." Sapeva che non poteva voltarsi o non se ne sarebbe mai andato.

George, il suo autista, aveva portato i suoi bagagli nella Rolls Royce e stava aspettando fuori. La portiera della macchina era aperta e lui entrò il più velocemente possibile.

"A casa, signore?" chiese Giorgio. "Sì, Eaton Square," rispose.

Era passato molto tempo da quando l'aveva chiamata casa. George continuava a guardare Mr Wonderful attraverso lo specchietto retrovisore. Il capo sembrava sconvolto; non l'aveva mai visto così prima, lui non perdeva mai la calma o mostrava rabbia o dolore. Ma, d'altra parte, George non l'aveva mai visto così felice come da quando aveva conosciuto ed era andato a vivere con Gabrielle.

Poteva percepire che quello era un momento delicato. George era stato con Mr Wonderful da quando aveva vent'anni e lo aveva visto far crescere il suo impero. Tuttavia non era mai cambiato, sempre lavorato sodo ed era sempre rispettoso di tutte le persone, indipendentemente dalle circostanze e da dove provenissero. E man mano che la sua fortuna e il suo status crescevano, erano cresciute anche la sua generosità e gentilezza verso le persone.

Sì, aveva standard elevati, ma c'era da aspettarselo. Mr Wonderful era il figlio che non ha mai avuto. Quando arrivarono alla casa vuota, Mr Wonderful si diresse verso il suo ufficio e chiuse la porta alle spalle.

"Cosa è successo a lui?" chiese una delle cameriera.

"Signore per te," aggiunse velocemente George, infastidito.

Se n'era andata velocemente dopo il rimprovero. George andò in cucina e chiese a Maria, sua moglie, governante e factotum: "Puoi preparare il tuo famoso stufato, tesoro?"

"Cosa c'è che non va?" chiese subito Maria. Lo faceva solo quando Mr Wonderful era giù o sentiva la mancanza di sua madre. Era la sua ricetta e il suo piatto preferito che gli dava qualche conforto.

"È tornato a vivere a casa," rispose George.

"Oh, ah," sospirò, sconvolta. Maria teneva profondamente a Mr Wonderful e poteva vedere il suo amore per Gabrielle. Aveva sperato in cuor suo che un giorno si sarebbero sposati.

.   .   .

"Inizierò subito," ha detto.

Mr Wonderful rimase seduto alla sua scrivania per ore, rivivendo ogni secondo del suo ultimo incontro con Gabrielle. Ricordava ogni singola espressione sul suo viso. Era stata la decisione più difficile e dolorosa della sua vita. Aveva dovuto raccogliere tutta la sua forza e il suo coraggio per portarla a termine.

E ora, ora se ne stava già pentendo.

"Ha bisogno di tempo per crescere e capire chi è veramente e cosa vuole: non avere paura di se stessa e poter amare con tutta la sua intensità senza trattenersi," si disse per rassicurarsi.

Ma già gli mancava. Mr Wonderful voleva stare con lei, sentire il suo profumo, accarezzare ogni centimetro del suo viso e del suo corpo, baciarla, essere dentro di lei. Gabrielle era tutto ciò che aveva sempre desiderato. Il suo cuore e il suo corpo stavano già soffrendo per lei.

Cuore e mente.

Il cuore lo sapeva, lo aveva sempre saputo.

La mente, d'altra parte, voleva essere sicura se Gabrielle fosse con lui perché si sentiva al sicuro, perché amava come lui l'amava, con rispetto, o se lo amava davvero.

· · ·

Si stava facendo buio.

Toc toc.

"SÌ?" la porta si aprì lentamente e Maria entrò nella stanza. L'odore che si diffondeva dal vassoio tra le sue mani gli disse che aveva cucinato lo stufato di sua madre, Solyanka, il suo preferito.

"Benedetta lei," pensò, "si prende cura di me."

"Grazie," disse ad alta voce.

Non aveva fame ma apprezzò il gesto. George e Maria erano stati a suo servizio da oltre venticinque anni ed erano come una famiglia. Erano venuti con lui quando si era trasferito da New York a Londra; poteva fidarsi di loro implicitamente.

Maria chiuse la porta alle spalle. L'odore del cibo stava lentamente abbattendo la sua resistenza. Aveva iniziato a mangiare lentamente. La fotografia di sua madre era sulla sua scrivania e lo guardava calorosamente. Poteva sentire l'amore di sua madre con ogni slurp e sorseggiata.

"MAMA, cosa ho fatto?"

. . .

Gabrielle era in piedi accanto alla finestra, con in mano la tazza di caffè caldo e fumante, guardando ai Canonbury Gardens. I bambini stavano giocando mentre le madri chiacchieravano tra loro.

Sei mesi erano passati così in fretta. Gabrielle era felice e serena e aveva raggiunto un livello di auto-accettazione e amore per se come mai prima d'ora. E era in debito a lui, Mr Wonderful.

Non avrebbe mai scavato così in profondità se lui non l'avesse scioccata. Il giorno in cui se ne andò e le settimane e i mesi successivi, tormentandosi per lui, desiderando ardentemente sentirsi al sicuro e amata, desiderando ardentemente il suo tocco.

Tormento e desiderio si trasformarono in rabbia e risentimento. "Come osa? Aveva detto che mi amava e che ci sarebbe sempre stato per me."

Lentamente ma inesorabilmente, però, Gabrielle arrivò a capire cosa aveva fatto e perché. Gabrielle lo aveva 'mezzo amato', e sei era 'mezza data' a lui. Si era trattenuta da lui, dall'amore e, soprattutto, dalla vita. Lui aveva compiuto l'estremo sacrificio; lasciala andare in modo che possa ritrovare se stessa e crescere.

"In ogni caso, perché non mi ha mai contattato?" si era chiesta a volte, perplessa. All'inizio fu tentata di pregarlo di tornare. Ma non lo lo fece mai.

Orgoglio.

. . .

Ed ora Gabrielle era felice di non averlo fatto. Era soddisfatta di se stessa e della sua vita.

Finalmente.

Completamente.

Ora l'unica cosa che mancava era lui. Non come una stampella o protezione. Non perché le piacesse il modo in cui si rifletteva nei suoi occhi, ma perché lui le mancava.

Disperatamente.

"L'amava ancora? La voleva ancora? Sarà lì ad aspettare?"

Aveva visto delle sue foto con personaggi famosi. I paparazzi lo avevano fotografato fuori dall'elegante ristorante londinese The Twenty-Two. Sembrava di buon umore, sorridente, indossava una camicia nera, jeans blu scuro e stivali neri durante l'uscita serale, con i suoi riccioli castani divisi di lato e il suo orologio di platino fatto su misura. Una fitta di gelosia le strinse il cuore.

E ora, era giunto il momento.

. . .

"Gentile signora Arkin, non vediamo l'ora di darvi il benvenuto nel nostro hotel."

"Me lo direbbe se avesse cambiato idea; non mi lascerebbe andare fino a New York e poi non esserci," pensò mentre leggeva l'e-mail dal Langham. Mr Wonderful aveva prenotato e pagato una suite per un lungo weekend.

"L'incontro in cima all'Empire State Building dopo sei mesi, proprio come *Un amore splendido*, era così meticolosamente romantico," pensò.

"Sarà meglio che mi prepari ora," disse, guardando l'orologio.

Gabrielle doveva incontrare Paola per pranzo al 2 Veneti, un ristorante italiano vicino alla stazione della metropolitana di Oxford Circus.

Era arrivata presto e ha deciso di aspettare dentro, soddisfatta di se stessa e di quanta strada aveva fatto negli ultimi sei mesi. In passato si sarebbero incontrate alla stazione della metropolitana più vicina, oppure Gabrielle avrebbe aspettato fuori dal ristorante fino all'arrivo di Paola invece di entrare da sola.

Non adesso.

Con calma e sicurezza era entrata e aveva ordinato il loro

spumante preferito durante l'attesa, una bottiglia di Prosecco di Treviso.

Il 2 Veneti è un ristorante accogliente e sobrio; entrambe le donne amavano i sapori e le specialità audaci e autentici del cibo, principalmente veneto, e apprezzavano i modi molto discreti, amichevoli ed eleganti del personale.

"Ciao Ciccia," disse Paola avvicinandosi al tavolo. "Ciao Bella,"e le due donne si abbracciarono.

"Ti trovo bene, stai benissimo," aggiunse.

"Mi sento benissimo," rispose Gabrielle.

"Siete pronte per ordinare?" chiese il cameriere.

"Un Carpaccio di Manzo per antipasto e un Fritto Misto Veneziano per piatto principale," Gabrielle rispose mentre Paola stava ancora leggendo il menu.

"Prendo anche io il Carpaccio," disse Paola sorseggiando il suo prosecco, "e un Filetto di Cernia."

Il ristorante era a capienza totale e leggermente rumoroso, aggiungendo all'atmosfera e alla cultura italiana dove il mangiare significa cibo semplice con conversazioni animate a tavola. Ciononostante, il servizio era attento e cordiale come sempre.

"Allora Ciccia, è giunto il momento. Come ti senti? Hai intenzione di tuffarti e andare?" Paola saltò dentro, curiosa.

"Si," annuì Gabrielle, preoccupata per la reazione di Paola.

"L'hai chiamato? Gli hai mandato un sms? Per dire se è ancora tutto come discusso? Sai, sei mesi sono tanti" continuò imperterrita Paola.

"No, non l'ho fatto. Me lo direbbe, ne sono sicura."

"Per quanto tempo ti fermi?" domandò Paola.

"Non lo so. Se tutto va bene, per un po'," rispose Gabrielle, speranzosa.

"Vado in Italia domani a trovare la mamma."

Gabriella la guardò.
   "Sì, e anche per una scopatina con Marco," disse Paola.

"State ancora continuando?"

.   .   .

"I bisogni sono bisogni."

Per una volta, adesso, Gabrielle capiva perfettamente.

Presero il loro tempo durante il pranzo; la conversazione scorreva. Infine era arrivato il momento di andare.

"Mandami un messaggio quando arrivi a New York. E se hai bisogno, chiamami," disse Paola.

"Lo farò, grazie," e dopo un lungo abbraccio si separarono.

Mr Wonderful doveva incontrare Martin per una birra nel centro di Londra. I due uomini avevano stretto una solida amicizia sin dalla famigerata cena. Meglio ancora, dalla chiaccherata accorata della mattina dopo.

Si incontravano regolarmente per un drink dopo il lavoro. Martin poteva parlare apertamente della relazione extraconiugale di Paola, delle sue insicurezze e paure e Mr Wonderful poteva parlare di Gabrielle e chiedere aggiornamenti a Martin.

Non l'aveva contattata di proposito per darle spazio, ma non vedeva l'ora di sapere se stava bene. Quindi, oltre a guardarla su YouTube e comprare il suo ultimo libro, la teneva d'occhio a distanza di sicurezza.

"Due birre alla spina, per favore," ordinò Martin al barista.

· · ·

"Allora, come stai?"

"Sto bene," rispose Martin, "Paola parte domani per l'Italia, le ragazze stanno con mia madre."

Mr Wonderful sapeva cosa intendeva: Paola andava ad incontrare il suo amante.

"Hai contattato Gabrielle? Il tempo si avvicina."

"No, non l'ho fatto. Non voglio che si senta sotto pressione. Deve essere una sua decisione."

"Amico mio, è pazzesco. Di sicuro non puoi andare a New York e aspettare in cima all'Empire State Building senza sapere se lei si presenterà. So che New York è casa tua, ma è comunque pazzesco." disse Martin.

"Hai detto a Paola che sai di lei e del suo stallone italiano?"

Le guance di Martin diventarono rosse. "Touché," rispose.

"Gabrielle ha tutto ciò di cui ha bisogno se vuole venire a trovarmi: biglietto aereo, prenotazione dell'hotel. Deve solo essere sicura di volerlo ancora. Di volermi ancora, noi."

• • •

"Per cosa hai prenotato una stanza d'albergo? Perché non può stare con te?"

"Sai, nel caso volesse prendere le cose con calma. Dopotutto sono passati sei mesi."

"Ti senti?" Martin continuò: "La tratti ancora come un fiore delicato. Se viene a New York è perché vuole tornare con te. Perché venire altrimenti? Sei un inguaribile romantico all'antica."

Mr Wonderful guardò Martin, annuendo. Non poteva farne a meno quando si trattava di Gabrielle.

"Penso ancora che dovresti contattarla per vedere se viene," aggiunse Martin.

"Continuo a pensare che dovresti dire a Paola che lo sai," continuò Mr Wonderful.

"Che coppia siamo," i due uomini annuirono in accordo.

"Parto domani; ho degli affari di famiglia da sbrigare e voglio che tutto sia pronto," dichiarò Mr Wonderful.

"Da dove voli?" Martin chiese per fare conversazione.

. . .

"Stansted," rispose.

"Stansted? Non sapevo che da lì avessero voli diretti per New York..." chiese Martin sorpreso.

"Non ce l'hanno. Ho il mio aereo," chiarì Mr Wonderful.

"Uuuh, stravagante," disse Martin con un sorrisetto. Aveva sempre saputo che lui era un pezzo grosso. Non si era mai reso conto però di quanto. Era sempre così discreto, un bravo ragazzo.

"Sì, molto" Mr Wonderful lanciò uno dei suoi sorrisi smaglianti.

"Accidenti, sei così fottutamente bello. Se non fossi etero e già sposato, ti vorrei per me stesso," dichiarò Martin.

Mr Wonderful si mise a ridere.

"Fammi sapere se impari qualcosa dopo che me ne sarò andato, va bene?" poi disse.

"Lo farò," rispose Martin.

Mr Wonderful si recò a Stansted presto il giorno dopo. Doveva essere a New York per sistemare alcune delle proprietà del suo defunto padre.

Non si era del tutto reso conto di quanto fosse problematico ereditare un patrimonio e un titolo così vasti. Aveva bisogno di alcuni giorni per incontrare varie organizzazioni sotto il suo patrocinio.

Voleva abbastanza tempo per sistemare tutto e prepararsi per Gabrielle.

Per rendere il loro incontro speciale e magico.

Aveva trascorso il volo leggendo giornali e rispondendo alle e-mail. L'aereo finalmente era atterrato. Una macchina lo stava aspettando. Mentre sbarcava dall'aereo, si voltò verso l'oceano.

"Tesoro? Vieni? Io sono qui. Io ti aspetto."

"TI ASPETTERÒ FINCHÉ SARÀ NECESSARIO.
TI AMERÒ IN OGNI MOMENTO
NEL TEMPO"
- LAUREN KATE

CORRO DA TE

"Passaporto, carta d'imbarco, prenotazione, tutto qui," si disse Gabrielle, controllando la borsetta per assicurarsi di avere tutto.

Era nervosa. L'Uber la stava aspettando fuori. Mentre girava la chiave, aveva voglia quasi di espirare. New York sarebbe stata un'altra avventura, la più grande di tutte.

"Baby, sto arrivando," guardando fuori dal finestrino della macchina.

Ora non poteva aspettare; voleva solo correre da lui, di nuovo tra le sue braccia, una volta per tutte.

Il tragitto verso Heathrow sembrava così lungo questa volta. Era sul volo delle 8:25, atterrando a New York JFK a metà mattinata, dandole tutto il tempo per rinfrescarsi e prepararsi a incontrarlo in prima serata.

Gabrielle fece il check-in dei bagagli e passò in rassegna alle partenze, aspettando con impazienza che gli schermi segnalassero che era ora di salire a bordo.

Paola le aveva mandato un messaggio per assicurarsi che stesse bene e augurarle buona fortuna.

Si rese conto che le batterie del suo telefono si stavano

scaricando e aveva inavvertitamente caricato il caricabatterie nella valigia.

"Non importa," pensò.

L'attesa sembrava infinita. Alla fine, lo schermo iniziò a mostrare il cancello; il suo cuore batteva forte.

Stava finalmente accadendo. Lo avrebbe rivisto. Presto. Sorrise mentre si dirigeva verso il cancello. Gli assistenti di volo ricontrollavano le carte d'imbarco e i passaporti. E poi ancora attesa. E attesa, e ancora attesa.

"Dovremmo essere già saliti sull'aereo," pensò annoiata.

Poteva vedere gli altri passeggeri diventare irrequieti, dirigersi verso il bancone e fare domande. Non voleva dar fastidio, ma dopo un po' cominciò a preoccuparsi.

"Buongiorno," salutò la signora dietro la scrivania, "Cosa succede? Perché non siamo ancora saliti a bordo?"

"Stiamo aspettando istruzioni, signora," lei rispose.

E aspettarono, e aspettarono, e aspettarono ancora un po'.

. . .

Poi, alla fine, Gabrielle mandò un messaggino a Paola per informarla del ritardo.

"Ancora un sacco di tempo per fare il check-in in albergo e prepararsi," pensò.

Il tempo stava passando. Infine, iniziarono a salire a bordo.

Adesso tutti i passeggeri erano sull'aereo. Passò più tempo. Gli assistenti di volo vistosamente assenti.

Più tempo.

"Signore e signori. Benvenuti a bordo del volo British Airways BA0117 per New York JFK. Al momento siamo trattenuti sulla piattaforma perché abbiamo perso il nostro turno. Ci scusiamo per l'inconveniente," disse il capitano sull'interfono.

E così aspettarono ancora. Il volo era in ritardo di oltre tre ore e Gabrielle era preoccupata. Il suo telefonino era all'ultimo respiro.

"Dovrebbe chiamarlo? Mandargli un messaggio? Qualcosa."

Per quanto sarebbe stato molto più romantico incontrarlo in cima all'Empire State Building, non voleva che pensasse che non sarebbe venuta. Quindi aveva iniziato a digitare freneticamente un sms quando le batterie si scaricarono completamente , proprio così.

. . .

"Signore e signori, abbiamo ricevuto la conferma che possiamo partire. Equipaggio, preparatevi al decollo. Ancora una volta, vi preghiamo di accettare le nostre scuse per il ritardo," aveva annunciato il capitano.

Gli assistenti di volo stavano preparando i passeggeri e l'aereo per il decollo. Era tempo di andare.

Il tempo è un concetto buffo. A volte sembra volare. A volte sembra stare fermo. Oggi era quest'ultimo, uno di quei giorni. Il volo sembrava durare anni. Più lungo del solito. Il ritardo dell'aereo significava che sarebbe stata una corsa fino in fondo.

"Posso ancora farcela in tempo," sperava, incrociando le dita.

L'aereo finalmente atterrò a JFK alle 14.55 e poi rimase in pista per altri quarantacinque minuti, in attesa di un parcheggio.

La lunga attesa era finalmente finita. Aveva iniziato a scendere da bordo e a camminare verso i controlli immigrazione. Gabrielle ricordava ancora la sua prima volta a New York e la sua esperienza non così gloriosa con un prepotente ufficiale della pattuglia di frontiera.

"Signora, si metta dietro la linea gialla," la voce le risuonava ancora nelle orecchie.

· · ·

Fortunatamente, questa volta l'esperienza era stata molto più piacevole. Tuttavia, c'erano più controlli a causa del Coronavirus e delle precauzioni derivanti.

Gabrielle aspettò pazientemente che il suo bagaglio facesse il giro della giostra. Aveva bisogno di qualcosa di più del bagaglio a mano per questo viaggio; sperava di rimanere molto più a lungo di un fine settimana.

Forse le avrebbe mostrato dove è cresciuto, New York attraverso i suoi occhi. Forse avrebbe conosciuto la sua famiglia. Sapeva quanto erano vicini.

"Mi scusi, signora, questo è il suo bagaglio?", le chiese uno sconosciuto. "Era tornata alla realtà e si è resa conto che il suo bagaglio era l'unico che girava intorno alla giostra."
    Aveva sognato ad occhi aperti. "Sì, grazie," rispose.

"Merda, merda, merda," pensò, afferrando la valigia e correndo verso la stazione dei taxi.

"The Langham Hotel, Fifth Avenue, per favore," disse all'autista.

Naturalmente, tutte le cose arrivano in tre. Quindi il traffico doveva essere particolarmente intenso.

"Un incidente," le aveva spiegato il tassista.

· · ·

Gabrielle guardò l'orologio.

Aveva iniziato a sentire una stretta allo stomaco e i suoi occhi si stavano riempendo di lacrime. Dopo tutto questo, dopo gli ultimi sei mesi, sarebbe arrivata in ritardo.

"E se non aspetta?"

"Chelsea, per favore, puoi verificare con British Airways se la signora Arkin si è imbarcata sull'aereo da Londra a JFK?" chiese Mr Wonderful a una delle sue segretarie.

"Signore, non credo...". aveva messo giù il telefono. "Penso che non ti diano più queste informazioni," continuò, parlando tra sé e sé, scuotendo la testa.

Aveva controllato comunque con la compagnia aerea, ma ovviamente non avevano voluto confermare. L'unica cosa che avevano confermato è che il volo era in ritardo.

"Signore," gli rispose attraverso il telefono, "l'aereo è partito da Heathrow in ritardo. La compagnia aerea non può confermare se la signora Arkin fosse imbarcata." Mr Wonderful suonava seccato e preoccupato: "Ma era la mia carta di credito."

"Sì, signore, purtroppo non importa chi ha pagato il volo. Non possono confermare. Motivi di sicurezza."

· · ·

La sua assistente personale aveva colto parte della conversazione e notato la tensione nell'aria, "Me ne occupo io da qui."

"Signore, vado a verificare con l'hotel se hanno ricevuto una conferma di soggiorno e chiedo loro di informarci quando la signora ha effettuato il check-in," aggiunse.

"Grazie," lui rispose.

Il tempo scorreva lentamente oggi. Controllò il telefono per vedere se Gabrielle aveva inviato un SMS o un'e-mail.

NO.

Niente.

Toc toc.

"Signore, The Langham non ha ricevuto una conferma. Tuttavia, non se l'aspettavano," spiegò, notando la sua espressione.

"Sono consapevoli, però, che l'aereo è in notevole ritardo," aggiunse.

"Grazie."

· · ·

I dubbi stavano cominciando a insinuarsi.

"Gabri, piccola, vieni? Mi ami ancora?" mormorò. "Forse avrei dovuto ascoltare Martin e scoprirlo prima di oggi," pensò.

L'appuntamento era alle 18.30, e aveva preparato per loro una sorpresa speciale in cima. Tutto era in ordine come previsto.

Aveva iniziato a prepararsi ore prima. Era incredibilmente nervoso. Fece la doccia, si mise un po' di dopobarba e indossò qualcosa di elegante ma non troppo formale o casual.

Scelse qualcosa che sapeva piacesse a Gabrielle. Il suo ufficio a Manhattan era a breve distanza dall'Empire State Building. Tuttavia, ha iniziato a farsi strada presto. Voleva controllare tutto di persona.

Tutti lo salutarono profusamente; un portiere speciale era stato incaricato di prendersi cura di ogni sua esigenza. Tutti sapevano chi fosse.

"Mr Fitzwilliam, è tutto pronto per lei," disse il portiere mentre esaminavano ogni minimo dettaglio.

Il momento si stava avvicinando sempre di più.

. . .

Drin drin …

"SÌ?"

"Signore. L'aereo sembra che vada atterrare con quattro ore di ritardo," le disse la sua assistente personale al telefono. "Inoltre c'è un incidente stradale che blocca la strada per Manhattan," aggiunse.

"Grazie per avermelo fatto sapere," rispose Mr Wonderful.

"Gabry, piccola, stai arrivando? Eri su quell'aereo?" pensò, ansioso.

Passò più tempo.

17.30.

Mr Wonderful era lì, ad aspettarla, desideroso di rivederla.

"In qualsiasi momento adesso," pensò.

17.50.

· · ·

18.00.

Drin drin.

"SÌ?"

"Tom?" Era suo fratello minore al telefono. "Tom, c'è stato un incidente. Michael è al New York University," aggiunse.

Silenzio.

"Tom, Tom, ci sei?"

Mr Wonderful era sbalordito.

"Sì, sono qui. Quanto male sta Micky?" chiese.

"In questo momento è privo di sensi, siamo tutti qui."

"Vengo," disse Mr Wonderful.

Aveva chiamato George per spiegare la situazione.

"Per favore, puoi venire all'Empire State e aspettare Gabrielle? Dille cos'è successo. Se arriva, puoi portarla alla NYU?"

. . .

"Quando arriva, vuol dire" lo corresse rassicurante George.

"Sì, quando arriva."

"La porterò lì, ora mi faccio strada," aggiunse.

Mr Wonderful si precipitò in ospedale. Si era sempre preso cura della madre e dei fratelli; era il protettore e il fornitore della famiglia dopo che il padre se n'era andato.

Gabrielle arrivò in albergo alle 18.45. Troppo tardi per fare il check-in e rinfrescarsi. Soprattutto, in ritardo per l'incontro con Mr Wonderful.

Il portiere aprì la portiera del taxi e la salutò calorosamente; sorrise debolmente, troppo preoccupata di correre verso la portinaia.

"Gabrielle Arkin," disse. "Sono in ritardo per un appuntamento. Va bene se lascio i miei bagagli qui da qualche parte per ora?"

"Buonasera signora, la stavamo aspettando, nessun problema," rispose il portiere.

"Come faccio ad arrivare a …?" iniziò Gabriella.

· · ·

"L'Empire State Building è a soli tre minuti a piedi da qui; Manuel l' accompagnerà," aggiunse velocemente.

La stavano aspettando, davvero.

"Grazie mille," grata.

Quando arrivarono all'edificio, c'era una lunga coda. Poteva sentire il suo panico crescere.

"Da questa parte, signora," Manuel la guidò attraverso la folla e verso un signore in uniforme bordeaux. Sembrò riconoscere Manuel e si avvicinò per salutarla.

"Buonasera e benvenuta all'Empire State Building; come posso aiutarla?"

"Sono qui per incontrare il signor Vitale?" lei disse. "Dovremmo incontrarci in cima?" aveva specificato.

L'uomo sembrava perplesso. "Vitale, ha detto?" per confermare.

"Sì", rispose Gabrielle, "Tom Vitale. Sono Gabrielle Arkin."

Il volto dell'uomo stava mostrando segni di riconoscimento dopo aver sentito il suo nome.

. . .

"Ah sì, non ho un signor Vitale, mi dispiace," ha detto. "Mr Fitzwilliam l'aspettava. Purtroppo non è più qui."

"Fitzwilliam?" lei si chiedeva.

"Se n'è andato?" ripeté per confermare.

"Sì, è partito non molto tempo fa, signora," rispose.

Gabriella annuì. Le lacrime iniziarono a rigarle le guance.

Se n'era andato. Deve aver pensato che non sarei venuta. Nemmeno per un minuto, le era passato per la testa che lui non ci sarebbe stato. Non ha aspettato.

"Signora, sta bene?"

"Si Grazie."

Gabrielle iniziò a uscire dall'edificio. Le facce felici dei turisti che aspettano in coda la fissavano.

"Signora, posso riaccompagnarla in albergo?" chiese Manuel.

"No, grazie. Posso farlo da sola," rispose lei.

. . .

Rimase immobile sotto le luci sfocate di New York a guardare la gente che passava. Stordita.

"Baby, sono venuta. Sono venuta per te."

" Nelle tue braccia;
è lì che voglio essere sempre"
- Idlehearts.com

ERI SEMPRE TU

"Signora Arkin? Signora..." sentì Gabrielle mentre tornava verso l'albergo. Si voltò e vide George correre verso di lei, senza fiato, salutandola.

"Signorina Arkin?" disse di nuovo.

Non era mai stata così felice di vedere qualcuno come adesso.
   "George, sono così felice di vederti," sorridendo tra le lacrime.

Poteva vedere quanto fosse sconvolta e la aggiornò sugli eventi il più rapidamente possibile.

"Sono qui per portarla all'ospedale; se vuole andare ovviamente?" chiese.

"Sì, sì," annuì Gabrielle.

"La mia macchina è lì," indicò.

George guardava Gabrielle attraverso lo specchietto retrovisore. Sembrava preoccupata e in lacrime, ma almeno era qui. Aveva i suoi dubbi ma non li ha mai condivisi con Mr Wonderful.

"È lontano?" lei chiese.

· · ·

"No, solo 3 chilometri. C'è solo un po' di traffico serale da percorrere."

Lei annuì.

Quando entrarono nell'edificio, Gabrielle sembrava persa. Grazie a Dio, George era lì e sapeva dove andare.

"Da questa parte," le disse. Poi, mentre camminavano, George vide Mr Wonderful nell'area salotto, con la testa tra le mani, circondato dai suoi fratelli. L'attesa era stata straziante.

Aspettando Gabrielle.

Aspetto che i dottori dicano loro qualcosa. Nulla.

"Signore?"

Alzò lo sguardo e vide George, solo. I suoi occhi cercarono. E poi, proprio dietro di lui, Gabrielle.

Le sue mani erano bagnate e appiccicose; era così nervoso. Lei era lì. Lei era davvero lì. Aveva iniziato a muoversi verso di lei quando lei scattò tra le sue braccia. Il lungo abbraccio appassionato, le loro guance che si toccavano, il respiro di lui sul collo di lei, il respiro di lei nel suo orecchio. Era così eccitato che non osava lasciarla andare dal suo abbraccio. Inoltre era così eccitato che temeva che si potesse vedere.

. . .

"Suppongo che tu sia felice di vedermi," sorrise.

"Sfacciata," sorrise anche lui. "Ovviamente."

I suoi scintillanti occhi azzurri erano pieni di lacrime non espresse.

"Sei venuta; sei qui. Scusa, ho dovuto andarmene,"disse.

"Ero in ritardo, mi dispiace di essere in ritardo," si scusò Gabrielle.

"Non è stata colpa tua, piccola," tenendole il viso tra le mani. "Sei qui. Questo è tutto ciò che conta," aggiunse.

"Mi dispiace tanto per tuo fratello," chiese.

"Si Grazie."

"Sai ..?"

"Non ancora, stiamo aspettando."

Mr Wonderful fece un cenno a George.

"Grazie" muovendo le labbra.

I suoi fratelli stavano cominciando a raccogliersi intorno a loro quando il chirurgo uscì dalle porte a battente.

Il dottore andò dritto verso Mr Wonderful.

· · ·

"È ancora in condizioni critiche, Visconte. Ha subito una lesione cerebrale. Abbiamo dovuto indurre un coma medico per prevenire l'ipertensione endocranica e permettere al cervello di riprendersi."

Rimasero tutti lì, sbalorditi.

"Non c'è niente che potete fare qui. È in terapia intensiva. Vi chiameremo se succede qualcosa," aggiunse il medico.

"Non ce ne andiamo," voci che si alzavano.

"Grazie, dottore," prese in carico Mr Wonderful.

"Non c'è motivo per tutti noi di restare. Possiamo fare i turni," disse.

"Possiamo restare noi," intervenì Gabrielle, tenendo forte il braccio di Mr Wonderful. Lei sapeva che lui voleva restare, ma non l'avrebbe detto a causa sua.

Si voltò a guardarla. "Possiamo fare il primo turno," continuò.

"Sì," riprendendo da dove si era interrotta, "Avete tutti delle famiglie che vi aspettano, andate."

· · ·

"Chiamerò se succede qualcosa," lui poi continuò.

"Farò io la notte. Tornerò più tardi, dopo che i bambini sono a letto," disse suo fratello Paul.

Dopo altri parole scambiate e abbracci, gli altri se ne andarono.

"Signore, devo aspettarvi?" Giorgio era ancora lì.

"Non ce n'è bisogno, George, grazie. Prendiamo un taxi," rispose Mr Wonderful.

"Finalmente erano soli. Soli nella sala d'attesa di un ospedale. Non esattamente quello che aveva programmato," stava pensando, sentendosi in colpa.

"Ha fame?" le chiese.

"Non proprio, ma mi farebbe piacere un caffè," rispose Gabrielle.

"È il caffè della macchina," sapendo quanto fosse particolare con il caffè.

"Va bene." Doveva ancora lasciare andare il suo braccio.

· · ·

Andarono insieme al distributore automatico e si sistemarono nell'angolo della sala d'attesa.

Mr Wonderful stava pensando a quanto la desiderava proprio lì e in quel momento e si sentiva totalmente in colpa per questo.

Era seduta accanto a lui, lo guardava, tenendo la tazzina di plastica del caffè con entrambe le mani. Uno sguardo interrogativo nei suoi occhi.

"Quando sono arrivata all'Empire State, ho chiesto di te, e l'uomo sembrava non conoscerti," sbottò lei, incapace di trattenere oltre la sua curiosità.

Lui aveva uno sguardo perplesso e le sopracciglia aggrottate.

"Ho chiesto del signor Vitale. Invece lui ti ha chiamato Fitzwilliam. Non sei una spia a doppio gioco, vero?" aggiunse, cercando di farne uno scherzo. "Le aveva nascosto qualcosa?" stava però pensando.

"Stai guardando e leggendo troppi drammi polizieschi," sorrise.

"Avete ragione entrambi," aggiunse poi. Gabrielle sembrava ancora più perplessa. La sua mano era sulla sua coscia, accarezzandola; non riusciva a pensare lucidamente.

. . .

"Lunga storia," continuò Mr Wonderful.

Gabrielle si stava riscaldando di minuto in minuto, la carezza gentile la stava eccitava come una matta.

"Abbiamo tempo," sorrise, "ho sempre pensato che fossi di origini italiane. Fitzwilliam non è un cognome molto italiano."

"Italiano?" uno sguardo interrogativo sul suo volto, "Ah!" riconoscendo ciò che voleva dire, "No. Era Vitalik. I miei nonni materni lo cambiarono quando arrivarono negli Stati Uniti dalla Russia. Si stabilirono intorno a Brooklyn, quindi Vitale sembrava appropriato."

"Ha un profumo così buono," stava pensando, immaginando cosa indossasse sotto il suo maglione di cachemire.

"I miei genitori non si erano mai sposati," continuò, cercando di restare calmo.

"Mio padre era un aristocratico irlandese che voleva essere un bohémien e indipendente dai suoi obblighi familiari. Quindi si era trasferito negli Stati Uniti per sfuggire alla sua famiglia e fare 'le sue cose'. Qui incontrò mia madre e le cose sono andate avanti da lì," sembrava amareggiato.

"Un bambino dopo l'altro, presto si ritrovarono con cinque figli. Io sono il maggiore."

. . .

Gli occhi di Gabrielle erano spalancati. Le aveva già detto della partenza del padre.

"Una coppia di gemelli," aveva aggiunto.

"Beh, tra il suo gioco d'azzardo, essere un donnaiolo e tutte le responsabilità, la vita era troppo dura per lui," disse Mr Wonderful in maniera sarcastica.

"Un giorno se ne andò, dopo over preso tutte le sue cose e non ci siamo più rivisti. Ritornò da suo padre con la coda tra le gambe, chiese perdono (e denaro) e si sposò con un' aristocratica."

Gabrielle posò la tazza di caffè sul tavolino nella sala d'attesa e si strinse al suo braccio.

"Deve essersi allenato più del solito. I suoi muscoli erano ancora più forti e compatti," pensò. "Smettila, Gabri."

"Non sono riusciti ad avere figli. Poi sua moglie morì e, otto anni fa, lui incominciò ad ammalarsi. Era stato sincero e detto a suo padre che dopotutto aveva dei figli: aveva un erede del cognome," continuò.

"Wow," sbottò Gabrielle.

. . .

"Sì, da non credere! Non gliel'aveva mai detto? I miei nonni non sapevano di noi fino ad allora. Mio padre aveva usato uno pseudonimo negli Stati Uniti."

"Sembra un film," disse Gabrielle.

Continuò ad accarezzarla con tocchi più lunghi e profondi all'interno della coscia, su... e giù...

"Mio padre morì poco dopo la sua rivelazione. Ho avuto l'opportunità di conoscere mio nonno per un po' prima che anche lui venisse a mancare tre anni fa. Mia nonna paterna è ancora con noi."

"Visconte?" Si ricordava che il dottore lo aveva chiamato.

"Quando è morto mio nonno, il titolo è passato a me, il primogenito," proseguì Mr Wonderful, "mi sto ancora abituando."

"Dai, dimmi," Gabrielle era curiosa.

"Visconte Thomas Darcy Vitale Fitzwilliam III," disse.

"Non..." le mise un dito sulla punta del naso, "non ridere..."

. . .

"Darcy Fitzwilliam?" Gabrielle si stava divertendo infine.

"Non è divertente. Mia madre era una grande fan dell' Austen. Gli sono grato per almeno una cosa: le ha impedito darmi il nome Darcy."

"Indovina?" Lei chiese. Mr Wonderful sembrava perplesso.

"Indovina il mio secondo nome," continuò.

"Elizabeth no, vero?" con uno sguardo interrogativo.

"In effetti lo è. Niente a che fare con Austen. Prendo il nome dalle mie due nonne: Gabrielle ed Elizabeth."

"Se l'avessimo saputo, saremmo potuti saltare alla fine della storia," disse, appoggiando la testa sul suo petto, il suo braccio intorno a lei.

"Ciao, piccioncini" Paul li fece trasalire; era tornato.

"Come sta Mickey?" chiese.

"Ancora nessuna notizia," rispose Mr Wonderful.

· · ·

"È ora che voi due andiate," proseguì Paul. "Andate, andate, chiamo se ci sono novità," aggiunse per rassicurarli.

"Saremo vicini."

"OK."

"Ci vediamo in mattinata."

Uscirono dall'ospedale with great pleasure, i loro piedi quasi non toccavano terra; erano affamati l'uno dell'altro, letteralmente affamati.

Mr Wonderful prese un taxi mentre passava.

"The Langham, Fifth Avenue," disse.

Certo, una corsa così breve non aveva fatto molto piacere al tassista, ma la mancia di $ 50 sembrava di averlo placato, molto.

Arrivarono in albergo poco dopo. Gabrielle si ricordò che doveva ancora fare il check-in.

"No importa," lui le disse.

· · ·

"Visconte, siamo così felice di vedervi," Mr Wonderful annuì, "Signora Arkin, il suo bagaglio è nella sua stanza," disse il portiere mentre le consegnava la chiave.

"Benvenuta e buon soggiorno."

Entrambi si precipitarono all'ascensore, morendo dalla voglia di restare soli.

Non riusciva ad aprire e chiudere la porta della camera da letto dietro di loro abbastanza in fretta.

Lui cominciò a baciarle il viso e il collo, accarezzandole il seno.

Gabrielle gli strappò la giacca dalla spalla e la fece cadere sul pavimento.

Le mani di lui sulla sua vita, aprendole la cerniera dei jeans.

Lei gli slacciò la cintura e la zip e gli abbassò i pantaloni e i boxer.
   Con i pantaloni giù alle caviglie, iniziarono a muoversi, saltellando verso il letto, baciandosi, ansimando.

"Merda," rotolando sul pavimento. Sembrava sempre così facile nei film, dove tutto accade senza intoppi, non così tanto nella vita reale.

· · ·

Gabrielle era sopra Mr Wonderful. "Ahi," gemette.

"Tutto ok?" Le chiese mentre si toglieva a calci i pantaloni.

"Sì," rispose lei. Si alzò, completamente nudo dalla vita in giù, se la tirò sulla spalla e poi la gettò sul letto.

Il loro fare l'amore era questa volta sfrenato, senza restrizioni e selvaggio. E veloce.

La lunga attesa in ospedale era stato un preliminare prolungato e straziante.

Rimasero lì esausti, ancora semivestiti, le coperte del letto dappertutto sul pavimento, nessuno dei due diceva niente. Per la prima volta non c'era niente da aggiungere. Erano l'uno con l'altro esattamente dove dovevano essere.

"Ho bisogno di farmi una doccia," disse Gabrielle dopo un po'.

"Posso unirmi a te?" chiese con un sorriso sfacciato.

"Speravo che lo facessi," lei aggiunse. Si tuffarono in una lunga e calda doccia, Mr Wonderful faceva la sua magia con il soffione.

"Oh Tom, Dio Tom," lei gridava.

. . .

"Non Dio, solo Tom. Ma se insisti, però, Viscount andrà bene," disse, sorridendo.

Era troppo coinvolta anche per ridere.

"Ho perfezionato il mio talento nella doccia, ti piace?" aggiunse.
    "L'adoro!" urlò Gabriella.

Il loro amore durò tutta la notte, senza un battito di ciglia, entrambi sostenuti dall'adrenalina.

Il sole stava sorgendo a New York.

"Vuoi dormire un po' mentre torno in ospedale? Devo essere esausta," chiese pensieroso Mr Wonderful.

"Vengo con te; c'è un sacco di tempo per dormire," rispose Gabrielle, non volendo separarsi da lui, nemmeno per un minuto, soprattutto ora che poteva essere lì per lui come lui era sempre stato per lei.

I giorni successivi passarono, lunghi giorni e notti in ospedale e riunioni di famiglia. Poi, un giorno, Michael cominciò a riprendersi fu trasferito dalla terapia intensiva in una stanza privata. Dopo di che, la vita aveva iniziato a tornare alla normalità.

. . .

Gabrielle si era adattata perfettamente alla famiglia e aveva conosciuto la nonna di Mr Wonderful tramite FaceTime. Sfortunatamente, era troppo fragile per viaggiare dall'Irlanda.

"Dove avevi nascosto questa adorabile ragazza Thomas?" lei chiese.

"Dovete venire entrambi non appena Michael sta meglio per 'sai cosa', occhiolino," disse un giorno con un luccichio negli occhi.

"Che cos'era quell'espressione?" chiese Gabrielle una volta terminata la telefonata.

"Che cosa?" rispose, facendo finta di niente.

"Sai, ha detto 'perché sai cosa'. Sai cosa, cosa?"

Mr Wonderful la guardò profondamente negli occhi e tirò fuori dalla tasca una scatolina di Tiffany. Lo portava in giro da quando era arrivata. Aveva pianificato una grande proposta in cima all'Empire State Building; un quartetto di violinisti, champagne e rose rosse, ma poi la chiamata, Michael, tutto. Da allora, aveva aspettato il momento giusto.

Aprì la scatola e si inginocchiò.

. . .

"Tesoro, mi vuoi sposare?"

L'anello era uno squisito anello di fidanzamento , un Tiffany Schlumberger da 18 carati con diamanti e smeraldi, che aveva cercato e cercato da quando si erano conosciuti. Gabrielle riconobbe il pezzo vintage della collezione Faerber; iniziò a piangere in modo incontrollabile.

"Sì, sì," annuendo.

"Eri sempre tu. Eri sempre tu la mia sola e unica."

" L'amore non è perfetto;
Non è una favola o un libro di fiabe
E non è sempre facile.
L'amore è superare gli ostacoli,
Affrontare le sfide,
Lottare per stare insieme , resistere e non lasciare mai
andare.
È una parola breve,
facile da pronunciare, difficile da definire,
E impossibile di vivere senza.
L'amore è lavoro, ma soprattutto,
L'amore è rendersi conto che ogni ora, ogni minuto,
ogni secondo ne valse la pena
Perché l'avete fatto insieme "

- ANONIMO

POSTFAZIONE

La ricerca dell'intensità è una schiavitù di nostra perpetuazione.

Quando usciamo dal delirio di cercare sempre qualcuno di nuovo e incontriamo lo stesso vecchio bambino triste e solo dentro di noi, il cammino verso la guarigione inizia. Esaurirci di novità è una difesa contro il nostro dolore più profondo, uno che non possiamo oltrepassare.

Vulnerabilità è dove il coraggio e la paura si incontrano. È imbarazzante e qualche volta mette paura, ma offre anche un senso di libertà e sollievo.

Vulnerabilità significa essere unicamente te stessa: abbracciare le tue imperfezioni e avere il coraggio di essere vulnerabile, impegnarti completamente e apertamente con il mondo che ti circonda, essere aperta nonostante sappia che potrebbe ferirti, provare amore, un senso di appartenenza e gioia.

È paragonabile un po' a come uscire senza trucco, senza armatura, sperando che l'autentico te non sia troppo deludente. E sentirsi ancora degna.

Ahia! Lo so, fa paura.

Ma, una volta che smetti di cercare all'esterno, puoi finalmente essere la persona autentica e gioiosa sei nata di essere e, in più, potrai trovare un amore che ti meriti.

Renditi conto che SEI degna e meriti. Proprio qui, proprio ora. Perfettamente imperfetta e totalmente f-a-v-o-l-o-s-a.

Laura xxx

IL SUO PICCOLO SEGRETO

"Il tuo passato non ti definisce
a meno che tu non viva lì"
-Tony Robbins

INDOVINA?

PAOLA

Il sole fatica a farsi largo tra le nuvole spesse, proiettando un debole raggio di luce sul giardino sul retro. L'aroma del caffè appena preparato permea la cucina: forte, ricco e familiare. Inspiro profondamente e assaporo il momento. Esco nel patio e una nebbiolina fresca mi inumidisce la pelle. Gli alberi circostanti sono avvolti in un bianco spettrale. Mi avvolgo stretta con la vestaglia e mi siedo per raccogliere i pensieri. Martin sta ancora dormendo. Adoro questi momenti da sola prima che inizi il trambusto della giornata, persa nei miei pensieri.

"Torna a letto; voglio essere dentro di te ancora una volta," Marco chiama, i capelli arruffati sale e pepe gli accarezzano il viso, muscoli tesi visibili sotto la sua pelle abbronzata.

"No, devo andare, devo prepararmi. Ho un aereo da prendere." Mi affretto verso il bagno e chiudo la porta dietro di me: "Per favore, non seguirmi," spero in silenzio. Marco è così virile; mi fa vacillare le ginocchia. Bastardo, è così arrogante, così sicuro di sé, che a volte vorrei schiaffeggiarlo. Mi infastidisce con i suoi modi di controllo. Eppure mi eccita così tanto che non riesco a starne lontana, volta dopo volta.

Bang bang!

"Dai Paola, dai, fammi entrare," dice attraverso la porta chiusa. "Sai quanto ti piace il mio trucchetto sotto la doccia."

Bang bang!

"Paola, smettila di fare la stronza; voglio scoparti ancora una volta prima che vai. Apri la porta, è un ordine."

Tremo al pensiero delle sue dita dentro di me, e mi odio per questo.

Clic.

"Brava. Dopotutto sei venuta per questo, una bella scopata." Marco è lì, orgoglioso nella sua nudità, completamente eretto. Mi strappa la vestaglia e mi afferra il seno.

"Ahi," i capezzoli sono ancora doloranti per la notte scorsa.

. . .

"In ginocchio. Adesso!"

"Sono di fretta... non posso..."

"Non mi frega, in ginocchio."

Frush. Un rumore in cucina mi risveglia dalle mie fantasticherie. Le mie mutandine sono bagnate. Dannazione. Ogni viaggio il ritorno è sempre più pesante.

Sip, sip

Come mi sono cacciata in questa situazione? Ogni volta lui vuole di più, più di quanto io possa dargli, e ogni volta mi sento più sporca. Tuttavia …

L'iPad sul tavolo della cucina emette una chiamata FaceTime. Gabrielle da New York. Mi saluta una mano sottile con il più enorme diamante e smeraldo sull'anulare.

"Ciccia, ti servirà un'impalcatura al polso per trasportarlo. Wow!"

Gabrielle è raggiante mentre ammira l'anello. "È un Tiffany Schlumberger vintage della collezione Faerber. Tom l'ha cercato e cercato da quando ci siamo incontrati. Se lo ricordava!" una lacrima le scende lungo la guancia, "Non è meraviglioso?"

"Scusa, ti ho svegliato?" tornando in sé. "Che stupida, certo, ti ho svegliato. Non potevo trattenermi; dovevo dirtelo."

"Ciccia, lo sai che puoi chiamarmi quando vuoi. Ho appena fatto il caffè" rispondo. "Sono così felice per te; stai benissimo."

"Cosa c'è che non va? Hai un aspetto schifoso," dice Gabrielle preoccupata.

"Grazie tante, Ciccia!"

"No... sai cosa intendo," continua, "sembra che tu abbia pianto."

"Lo sai che non faccio lacrime," rispondo velocemente. Merda, non me ne ero accorta. "Sono solo stanca, cara. Sono appena tornata da casa di mamma. Probabilmente il jet lag!"

"Jet lag da Napoli a Londra? Ridicolo!"

"Beh, forse sto solo invecchiando," cercando di cambiare l'argomento velocemente. Non voglio rovinare il suo momento. "Dimmi tutto. Dovrò fare un inchino la prossima volta che ci vediamo, Viscontessa?"

"Non ti azzardare … ancora non ci posso credere!"

. . .

"Sono così felice per te, Ciccia. Te lo meriti."

"Grazie,"lei risponde. Poi si avvicina allo schermo, strizza gli occhi e il naso, e mi guarda profondamente negli occhi, cercando risposte.

"Che cosa?" Faccio una pausa, trattenendo il respiro: "Sto bene, davvero."

"Dopo che noi siamo tornati a Londra la prossima settimana, dobbiamo fare una bella chiacchierata."

"Oh, è già 'noi', eh?"

"No, no, sì... oh stai zitta!"

"Sto scherzando, Ciccia."

"Ci sposeremo nel nuovo anno, in Irlanda. Nel suo castello. *Incroyable, non?*" È così emozionata, come una bambina a Natale. "Tu sei la mia damigella d'onore... *Pardon*, dama d'onore."

"Non me lo perderei per tutto il mondo." E' così vicino...

Poi aggiunge: "Tom chiederà a Martin di essere il suo testimone." Sono così vicini? "Come sta Martin?" sonda, preme.

. . .

"Dormendo", rispondo.

"Sai cosa voglio dire."

"Lo so. Martin è Martin."

"Tesoro..."

"Non vedo l'ora di rivederti la prossima settimana, Ciccia."

"Anche io. A presto. Ciao."

"Ciao."

Il dolore nel mio petto aumenta quando la chiamata con Gabrielle finisce, il peso del mio segreto preme su di me con rinnovata forza. Mi appoggio al bancone della cucina, il respiro irregolare, mentre i ricordi del tempo trascorso con Marco inondano la mia mente - i nostri momenti rubati in Italia. Marco è molto simile a mio padre - più grande della vita, comanda l'attenzione e, oh, così pericoloso.

Ma è tutta una fuga temporanea dalla realtà della vita. Lo so. I miei occhi si spostano sulla mia mano sinistra, dove una semplice fede d'oro si prende gioco di me. Ricordo quando ho scambiato i voti nuziali con Martin dieci anni fa. L'uomo che ho sposato è ancora lì, sempre lo stesso: l'apparenza riservata, un dolce e premuroso gentiluomo inglese, ora marito affettuoso, padre e figlio. Martin, la mia unica costante in un mare tumultuoso.

Come ci siamo allontanati così tanto? Come mi sono allontanata così tanto?

BASTA SOLO UN SÌ

PAOLA

Il tintinnio dei bicchieri di vino e le chiacchiere degli avventori benestanti riempiono Savini, il ristorante una volta salotto della belle époque internazionale. Mi sistemo al mio posto, lisciandomi la gonna a tubino. I miei occhi vagano tra i tavoli coperti da tovaglie bianche finché non si posano su un volto familiare: Marco, dall'aspetto devastantemente affascinante come ai tempi dell'università.

"Paola, che sorpresa!" Marco dice, con un sorriso smagliante mentre mi saluta e mi bacia sulle guance: "Per te il tempo si è fermato. Sei Bella come sempre."

"Neanche tu sei cambiato per niente," rispondo, osservando il suo abito di sartoria impeccabile, i capelli sale e pepe e la pelle abbronzata. Lo stesso scintillio malizioso nei suoi occhi. "Vivi ancora a Napoli?"

. . .

"Si, Napoli è casa. Stai ancora abbagliando il mondo degli affari?" chiede, osservando il mio abbigliamento aziendale. "Cosa ti porta a Milano?" continua, "Oltre al destino che vuole farci incontrare di nuovo."

Cerco di ignorare l'emozione che le sue parole suscitano in me, ma sogghigno come una ragazzina. "Solo un breve viaggio di lavoro. Riparto domani mattina."

"Perfetto, abbiamo tempo", dice, sfoggiando un sorriso smagliante. "Vieni e unisciti a me," e indica al suo tavolo.

Ci ritroviamo davanti a un Barolo e a un risotto allo zafferano. Gli anni passati svaniscono e la nostra vecchia attrazione scintilla come elettricità. Marco è carismatico e civettuolo come ricordavo, la sua mano ora mi sfiora il braccio, così diverso dalla calma riservatezza britannica di Martin.

"Ti ho pensato in questi anni, lo sai," mi confessa Marco fissandomi con i suoi intensi occhi scuri. "Quella che è scappata."

Non è così che lo ricordo... "Marco... adesso sono sposata", e alzo la mano sinistra, la fede scintilla sotto le luci della Galleria. Ma mentre pronuncio queste parole, il desiderio si diffonde nel profondo del mio essere. La sua mano trova il mio ginocchio sotto il tavolo, facendola scivolare audace lungo la mia coscia.

"Cara, quello che succede a Milano resta a Milano," mi rassicura con un occhiolino impertinente. Dovrei fermargli la mano e tirarla via. Ma Dio mi aiuti, non voglio. Il suo tocco accende qualcosa di dormiente in me: un brivido illecito, una via di fuga. Una notte per sentirmi di nuovo viva...

E proprio così, ogni pensiero razionale mi abbandona. Apro un po' le gambe. Le dita di Marco si spostano più in alto, sfiorando il bordo di pizzo della mia biancheria intima. Sono senza fiato, dolorante, la noia del mio matrimonio sicuro e senza passione si dissolve sotto il suo tocco impudente. Questo è così sbagliato, ma così giusto.

Penso a Martin a casa a Londra; quand'è stata l'ultima volta che mi ha guardato con questa fame cruda come Marco adesso, come se non vedesse l'ora di consumarmi?

"Non pensarci troppo, Bella," dice Marco, percependo la mia esitazione. "Togliamoci la voglia che non abbiamo mai fatto. È solo un po' di divertimento tra vecchi amici. Niente di più. Nessuno deve saperlo." Le sue dita scivolano oltre le mie mutande, accarezzandomi con audacia. "Solo una volta."

Solo, solo... solo...

Un gemito sfugge dalle mie labbra, il mio corpo mi tradisce. Solo una notte. Un momento rubato fuori dal tempo. Non è amore, è solo sesso: primordiale, terapeutico, come premere un pulsante reset. Di sicuro una breve avventura non può mettere a repentaglio tutto ciò che ho costruito a casa... vero?

· · ·

Solo ...

Marco salda il conto e si alza, tirandomi in piedi. "Usciamo di qui." I suoi occhi brillano di promesse, e io non ho il potere di resistere, anche se una fitta di senso di colpa mi tormenta la coscienza.

L'aria accarezza la mia pelle arrossata quando usciamo dal ristorante. Il braccio di Marco basso intorno alla mia vita, rivendicando la sua pretesa. Attesa e trepidazione nel mio stomaco in guerra con l'eccitazione tra le mie gambe mentre ferma un taxi.

Cosa sto facendo? Oh Dio, non riesco a ricordare; mi sono rasata?

Non si torna indietro adesso. Mentre mi siedo sul sedile posteriore accanto a lui, metto a tacere la voce della ragione, abbandonandomi alla sensazione e al peccato. Per una notte spericolata, voglio provare di nuovo qualcosa, anche se domattina mi vado a odiare. Il taxi sfreccia tra le strade illuminate dai lampioni, un intreccio di architettura antica e vetrine moderne. La mano di Marco si posa possessivamente sulla mia coscia, il suo pollice disegna cerchi esasperanti che mi fanno contorcere. Guardo fuori dalla finestra, evitando il suo sguardo penetrante. Se lo guardo, mi perdo. Ma lo sento, il peso del suo sguardo, che mi spoglia, mi dà fuoco.

"Paola." La sua voce è seducente quanto lui. "Guardami."

· · ·

Espirando, mi giro. I suoi occhi ardenti caffè espresso vedono dritto dentro di me, rimuovendo ogni strato di correttezza. Sono affamata di passione, ne soffro, e lui lo sa.

"Ti scoperò così forte," giura rocamente, prendendomi la guancia. "Ti rovinerò per il tuo effeminato marito inglese. Vedrai, tu tornerai e mi implorerai di avere ancora."

"Non... parlare... di... Mar-t," ma non posso continuare, le sue labbra toccano le mie, non proprio un bacio, ma il suo respiro caldo si mescola al mio: auto-conservazione e decenza in lotta con bisogno puro.

"Non parlare,"mi ordina. Dio, ha un buon profumo. Fresco, agrumato e dolorosamente familiare - Acqua di Gio. Martin indossa la stessa colonia, ma su Marco ha un odore diverso. Proibito. Inebriante.

Mi inumidisco le labbra, il battito mi martella in gola. "Marco, io-" Le sue dita si affondano nei miei capelli inclinando la mia testa e mi zittisce con un bacio lungo e profondo, rivendicando la mia bocca con labbra, denti e lingua. Gemo nel bacio, il mio corpo traditore si scioglie contro il suo, arrendendomi al suo dominio mentre il taxi vola attraverso la città.

FARE E DISFARE
PAOLA

Il tempo è passato così velocemente. Il matrimonio è questo fine settimana e ci stiamo preparando a partire. Piego la camicia abbottonata di Martin, il morbido tessuto blu fresco sotto le mie dita, e la metto con cura nella sua valigia. Le chiacchiere e le risate delle ragazze arrivano dal fondo del corridoio.

"Hai messo in valigia i vestiti delle ragazze?" chiede Martin, con voce calma, gli occhi fissi sul compito.

"Sì, sono nella borsa degli indumenti." Indico la porta, dove è appesa la borsa, da cui spuntano le gonne arricciate dei vestiti da damigella.

Lui annuisce, con un piccolo, tirato sorriso sulle labbra. "Bene. Sono così eccitate."

· · ·

"Un matrimonio in un castello nella campagna irlandese, con un vero visconte; quale bambine non ne sarebbe entusiaste?" dico, cercando di adattarmi al suo tono leggero, ma le parole sembrano vuote. Lo guardo sistemare la cravatte in valigia e non posso fare a meno di ammirare la forza silenziosa che emana. Ricordo la prima volta che ci siamo incontrati. Ero rimasta colpita dalla sua bellezza sottile, quasi sfuggente, che diventa più evidente quanto più si guarda: la mascella forte, robusta, la carnagione chiara inglese che arrossisce così rapidamente, e i capelli castano sabbia ben tagliati che catturano la luce come si muove. Gli occhiali appollaiati sul naso gli conferiscono un'aria di intelletto raffinato, ma sono i suoi occhi, quegli occhi seri grigio-blu, che mi hanno davvero affascinato. E la sua compostezza riservata e controllata di vecchi tempi. Le lunghe passeggiate, le chiacchiere infinite, il corteggiamento. Volevo così tanto che mi baciasse e ho aspettato. E poi ho aspettato ancora un po', ho aspettato e aspettato... finché non ne ho potuto più e ho fatto la prima mossa.

Non Marco, un farabutto incapace di dimostrare affetto, un pavone esigente, possessivo, che mi scopa senza pietà, mi fa implorare e poi si dimentica di me fino alla prossima volta. E sa che c'è sempre una prossima volta. I momenti rubati, il senso di colpa che mi torce lo stomaco, eppure torno indietro per averne di più, implorando.

"Questo tuo Marco," dice Gabrielle, addentando le sue pappardelle al ragù di stinco di manzo, una specialità di Trullo. "Sembra più o meno tuo padre, *non*?" Gabrielle è l'unica che conosce il mio segreto. "Beh, come lo hai descritto comunque... con tua madre," dichiara con la sua tipica franchezza francese. I suoi profondi occhi castani mi fissano, cercando una reazione.

No, non mi piace dove sta andando a finire. "Mi hai detto che odiavi tuo padre e tua madre per averlo perdonato ogni volta," continua.

Oh Dio, voglio che il pavimento si apra e mi inghiottisca. "Dov'è il cameriere?" chiedo, cercando di ignorare quello che ha detto. "Abbiamo bisogno di più vino." Mi riempio la bocca con una grossa manciata di tagliarini con granchio del Dorset, limone di Amalfi e peperoncino, sperando di poter temporeggiare.

"Sì. Abbiamo bisogno di molto più vino," insiste imperterrita. "Forse ti aiuterà a parlare, a confrontare il soggetto." Quando decidemmo di incontrarci per pranzo al Trullo, un delizioso e minuscolo ristorante proprio dietro Highbury Corner su St. Paul's Road, non immaginavo che avremmo parlato di me.

"Oggi dovevano parlare di te, della tua grande avventura a New York, della tua riunione, della proposta di matrimonio... Sei appena tornata, dimmi tutto!" dico invece.

"Buon tentativo. Conosci il finale", aggiunge, alzando la mano sinistra e muovendo l'anulare con l'enorme anello di fidanzamento.

"Non riesco ancora a capacitarmi di quanto sia grande," dico.

Gabrielle sorride come una gatta che si lecca i baffi soddisfatta. "Allora?? Non rispondi?" Ancora pressante.

. . .

"Non ho sentito una domanda..." rispondo, sperando che passi via.

Gabrielle mi guarda pensierosa e dice: "Marco non ti darà mai quello che tuo padre non ha mai potuto darti".

"Paola... amore?" La voce di Martin mi riporta alla realtà, la voce di Gabrielle è ancora nelle mie orecchie.

"Eh?"

"Penso che sia tutto", dice, chiudendo la cerniera di una valigia con uno strattone deciso. Lui mi guarda, la sua espressione illeggibile. "Stai bene?"

"Sì, sì", mi affretto a rispondere. Come avrei potuto rischiare questo? Questa vita che abbiamo costruito, questa famiglia che abbiamo creato? Vorrei dire qualcosa per colmare il divario che sembra allargarsi ogni giorno che passa, ma le parole mi restano in gola. Annuisco, non fidandomi della mia voce. Chiudo la cerniera della valigia, il suono è aspro nella stanza silenziosa.

"La differenza mia cara, per me è solo sesso. Dico a Marco che vado; se è disponibile ci incontriamo; se non lo è, va comunque bene, come un 'vibratore umano' in chiamata. Nient'altro. Sa come farmi venire e fa il suo lavoro. Non vuole né ha bisogno di niente di più da me e io da lui". Solo sesso... Non significa niente... Non posso credere di aver detto questo a Gabrielle, come se non provassi nulla.

. . .

"Ragazze! È ora di andare!" Martin grida, rompendo l'incantesimo, poi afferra entrambe le valigie e si dirige verso la porta, con passi misurati e sicuri.

Lo seguo, cercando di controllare le mie emozioni crescenti. Mentre entriamo nel corridoio, abbozzo un sorriso, determinata a sopravvivere a questo weekend, in un modo o nell'altro. "Paola," mi dico, "questo weekend è di Gabri e Tom."

La mia mente va avanti e indietro sui ricordi che ho cercato così duramente di seppellire. "È vero? Sto ancora cercando la sua convalida?" Mio padre, con il suo sorriso affascinante e l'occhio vagante, sempre pronto con un complimento o un occhiolino per ogni bella donna che incontrava sul suo cammino. Mia madre, silenziosa e stoica, il suo dolore evidente nella tensione intorno agli occhi e la mascella serrata. Le lunghe notti in cui restavo sveglia, ascoltando i suoi singhiozzi soffocati, aspettando che tornasse a casa dalla sua ultima sgualdrina. Le mattine dopo, il silenzio pesante al tavolo della colazione, i sorrisi forzati e la falsa allegria. "È questo che sono diventata?" Una donna così disperatamente in cerca di amore e conferme da rischiare tutto ciò che mi sta a cuore?

Il viaggio verso l'aeroporto è come sfocato, le chiacchiere delle nostre figlie svaniscono nel rumore di sottofondo mentre sono alle prese con il peso delle mie scelte. Martin è silenzioso, assorto nei suoi pensieri. Vorrei allungare la mano e prendere la sua, avvicinarmi, ma non riesco a colmare la distanza. All'aeroporto eseguiamo le operazioni di check-in e accompagniamo le nostre ragazze emozionate attraverso i controlli di sicurezza. Si meravigliano degli aerei e delle folle indaffarate, gli occhi spalancati per la sorpresa. Provo una fitta di nostalgia per quell'innocenza. Saliamo sull'aereo e ci sistemiamo ai nostri posti, Martin vicino al finestrino, io al centro e le nostre figlie nel corridoio. Sento il peso del mio segreto opprimermi. Lo guardo, ammirando la mascella forte e l'argento che inizia a insinuarsi tra i suoi capelli color sabbia.

So che il mio tradimento lo distruggerà. Il pensiero di perderlo, di perdere questa vita che abbiamo costruito insieme, mi riempie di terrore. L'aereo decolla. Chiudo gli occhi, cercando di calmare il respiro. "Devo trovare un modo per sistemare le cose." Ho passato tutta la mia vita determinata a costruire una vita diversa, ad essere diversa da mia madre. "Sono diventata mio padre?"

Martin si avvicina, la sua mano trova la mia, il suo tocco gentile e rassicurante. "Tutto bene, amore?" chiede, la sua voce dolce, i suoi occhi che cercano i miei.

Forzo un sorriso, stringendogli la mano. "Solo stanca," mento, le parole hanno un sapore amaro. "È stata una settimana impegnativa prepararsi per il viaggio."

Lui annuisce. "Sarà bello allontanarsi per un po'." Martin ridacchia con un suono caldo e ricco che di solito mi conforta ma che ora non fa altro che amplificare il mio senso di colpa e la mia vergogna. Merita molto meglio di questo. Molto meglio di me. Chiudo di nuovo gli occhi, cercando di bloccare i pensieri, ma arrivano comunque, non richiesti, indesiderati. Sprazzi di Marco, momenti rubati, il brivido, la passione, il dolore, le vuote conseguenze. Il ronzio dell'aeroplano ci avvolge, e mentre sono seduta qui con la mano di Martin nella mia, e la risata delle nostre figlie nelle mie orecchie, mi sento come se fossi sul filo del rasoio, in attesa dell'inevitabile caduta.

BUGIES, BUGIES, BUGIES ...
MARTIN

Paola mi guarda schiarendosi la voce. "Credo che allora sia tutto. Hai prenotato il taxi?"

Annuisco, senza ancora incontrare i suoi occhi. "Sarà qui a mezzogiorno."

"Bene. Ragazze, avete preparato tutto?" Paola grida. "Partiamo per l'aeroporto tra due ore!" I suoi capelli scuri cadono in onde lucenti attorno al suo viso dai toni olivastri, gli occhi lampeggiano con un'intensità a malapena contenuta mentre lei mi da un'occhiata. Risatine eccitate e passi affrettati risuonano dal fondo del corridoio.

"Sì, mamma! Quasi finito!" Paola sorride.

L'esuberanza delle ragazze è contagiosa, anche se il suo entusiasmo sembra forzato. Tra di noi si estende il silenzio. Paola

è impegnata con le etichette dei bagagli, apparentemente incon-
sapevole del baratro che si è aperto nel nostro matrimonio.

"Paola, tesoro? Il tuo telefonino sta vibrando…. Paola?" Lei è
sotto la doccia, il suo telefono si illumina sul comodino… clicco
sull'anteprima del messaggio prima di potermi fermare e do
un'occhiata. Il mio cuore batte forte.

> "Sei stata brava ieri sera… sei una troietta, ti
> piace quando ti scopo forte…"

Lo shock è viscerale, la consapevolezza straziante che la donna
che amo, la madre dei miei figli, mi è stata infedele. Il nome
sullo schermo mi fa gelare il sangue: Marco. Il telefono cade
dalla mia mano sul letto, mi gira la testa, la bile mi sale in gola.
Tutti quei viaggi in Italia, quelle visite alla madre malata: come
avevo potuto essere così cieco? I segnali c'erano tutti. La sua
aria distratta, la sua rinnovata passione che sembrava fuori
luogo…

Chiudo gli occhi per resistere all'assalto delle emozioni.
Tristezza, tradimento e rabbia si riversano su di me a ondate,
togliendomi il fiato. Come ha potuto farlo? A me, alla nostra
famiglia? Dopo tutti questi anni…

La porta del bagno si apre e rimetto a posto il telefono in fretta,
sistemando la mia espressione in una maschera neutra. Non
posso affrontarla, non adesso, non con questa rabbia dentro, non
con le ragazze accanto. Ho bisogno di tempo per pensare ed
elaborare.

. . .

"Martin?" La voce di Paola interrompe la trance dolorosa. "La macchina arriverà presto. Dobbiamo portare le valigie di sotto."

Sussulto, deglutisco a fatica e prendo le valigie. Anche adesso, le ferite sono ancora aperte. "OK. Le porto giù adesso." La mia voce suona vuota anche a me. Paola mi guarda muovermi, la sua apparenza sicura si incrina solo per un momento. Rammarico balena sul suo viso per un momento, insieme a qualcosa di simile al desiderio. Ma subito si raddrizza le spalle e mi segue, muovendosi in un silenzio ostinato mentre la distanza tra noi aumenta.

Ricordo ancora ogni momento e dettaglio di quando la vidi per la prima volta. Era un pomeriggio caldo e soleggiato a Roma quasi dodici anni fa. Stavo partecipando a una conferenza nella Città Eterna quando l'ho vista in una piazza affollata. Stava ridendo con gli amici, i suoi capelli scuri scendevano in onde lucenti e la sua pelle olivastra brillava sotto il sole.

"Mio Dio, è meravigliosa", ero paralizzato, il mio cuore batteva come non avevo mai provato prima. Volevo solo andare da lei e rivendicarla come mia. Mi innamorai subito e pazzamente, il desiderio mi imprecava nelle vene, un'ondata di possessività sfrenata. Mi ci era voluta quasi un'ora per ricompormi abbastanza da avvicinarmi a lei. Dovevo controllarmi. Lo spettro degli abusi di mio padre e della sofferenza di mia madre mi avevano reso diffidente nei confronti delle mie stesse emozioni. Temevo l'intensità dei miei sentimenti per Paola, temevo di poter diventare in qualche modo l'uomo che disprezzavo.

. . .

"Paola ha una relazione," sbottai, "beh, sesso regolare con qualcuno, per essere precisi... è una donna molto passionale," continuai, giustificandomi. "Non sono mai stato incline a questo," bugie mi sono detto. "Tutto quello che ho sempre desiderato era una compagna e una famiglia. Lei è una madre straordinaria e una brava moglie. Abbiamo una vita fantastica: lei ha la sua carriera e io ho la mia famiglia. E non lascerei mai le mie ragazze."

"E a te va bene?" mi chiese Tom con uno sguardo incredulo.

"Non esattamente, ma ho imparato a conviverci. Lei è attenta."

"Hai imparato a conviverci?" più bugie. Mi sono allontanato dal desiderio puro e sfrenato che bramo. Che lei brama.

"Lei è una donna in carne e ossa, con i suoi difetti e i suoi fallimenti. In carne e ossa, amico mio. E tu l'hai messa su un piedistallo, l'hai idolatrata. Non puoi fare l'amore appassionato con qualcuno che hai paura di rompere; anche io lo so," avevo detto a Tom riguardo a Gabrielle. Sì, io ho proprio detto quello!

"Ho fallito di essere l'uomo di cui ha bisogno? Ho fallito me stesso?" Il pensiero si annida come una scheggia nel mio cuore. Abbiamo costruito una vita insieme, una famiglia. Ma ora le crepe si stanno vedendo, le fondamenta del nostro matrimonio stanno cedendo sotto il peso di verità non dette e desideri insoddisfatti. I miei.

· · ·

Paola esce di casa, con le nostre figlie al seguito. Iniziamo il nostro viaggio, la lussureggiante campagna inglese lascia il posto alla promessa delle colline smeralde dell'Irlanda.

"Sei stata brava ieri sera..."

Quel messaggino continua a ripetersi ancora e ancora nella mia testa. "Perché non l'ho affrontata?" Ho razionalizzato la mia decisione, dicendomi che non potevo separare la nostra famiglia, che le nostre figlie hanno bisogno di entrambi i genitori e che in qualche modo avrei potuto trovare un modo per ignorare il fatto e andare avanti. Osservo Paola sistemarsi sul sedile accanto a me. Il pensiero mi tormenta mentre l'Uber attraversa la campagna. Il silenzio tra noi è denso.

La storia d'amore di Tom e Gabrielle si svolge nella mia mente...

"Amico, è pazzesco. Non puoi andare a New York e aspettare in cima all'Empire State Building senza sapere se lei si farà viva. So che New York è casa per te, ma è comunque pazzesco," io dissi. "Sono passati sei mesi senza contatti."

"Hai detto a Paola che sai di lei e il suo stallone italiano?" Tom rispose.

Le mie guance diventarono rosse. "Touché."

· · ·

"Gabrielle ha tutto ciò di cui ha bisogno se vuole venire a trovarmi: biglietto aereo, prenotazione albergo. Deve solo essere sicura di volerlo ancora. Vuole ancora me, noi".

E ha vinto la sua scommessa.

Lancio un'occhiata a Paola, cogliendo le linee eleganti del suo profilo. È ancora la donna più bella che abbia mai visto, mi fa battere il cuore e male all'anima. Quando arriviamo all'aeroporto, mi preparo per il viaggio che ci aspetta.

"Questo fine settimana appartiene a Tom e Gabrielle." Il visconte Thomas Darcy Vitale Fitzwilliam II, in realtà: "Il mio problema può aspettare fino a lunedì".

La strada da percorrere sarà difficile, una battaglia, ma sono finalmente pronto a intraprenderla, a qualunque costo.

ROSINGS PARK
PAOLA

La maestosa casa padronale si erge davanti a noi, una bellezza georgiana in pietra calcarea incastonata tra colline verde smeraldo che si estendono all'infinito fino all'orizzonte. La proprietà ancestrale di Tom, recentemente ereditata dopo che la verità sulla sua origine nobile è venuta alla luce. Assorbo tutto: il cancello in ferro battuto decorato, le siepi ben curate che fiancheggiano il vialetto di ghiaia, la fontana di marmo che tintinna melodicamente nel cortile. È come entrare nelle pagine di un romanzo di Austen: mozzafiato, romantico, idillico: tutto ciò che Gabrielle merita per il suo matrimonio.

"Benvenuti a Rosings Park," ci saluta Tom con un ampio sorriso e un braccio avvolto intorno alla vita di Gabrielle. Lei appare radiante, a suo agio nel suo nuovo ruolo di signora del maniero.

Martin cerca la mia mano mentre saliamo i gradini di pietra calcarea, ma io invece mi libero per abbracciare Gabrielle, un sorriso stampato sul viso. "È stupendo, Gabri. È come una favola! Sono così felice per te." Le mie parole suonano perfino a me. Evito lo sguardo di Martin.

Inspiro profondamente, l'aria fresca e pulita si tinge del profumo del sale del mare vicino. Tom afferra la spalla di Martin, il suo sorriso ampio e accogliente. "Martin, Paola! Vi presento la famiglia."

Ci guida in un grande atrio, tutto marmo e dorato, dove attende un piccolo raduno. I fratelli di Tom, alti e affascinanti quanto lui, affiancano un'elegante donna anziana su una poltrona di velluto. I genitori di Gabrielle sono nelle vicinanze, lo sguardo curioso di sua madre mi penetra.

"Ragazzi, questi sono Paola, l'amica di Gabrielle, suo marito Martin e le loro adorabili ragazze, Sofia ed Emilia." Le ragazze sorridono timidamente, sopraffatte dall'ambiente opulento.

"Ah, Paola!" La nonna di Tom si alza, prendendomi le mani nella sua stretta debole. "Ho sentito tanto parlare di te. E che bella coppia formate voi due!"

Se solo lei sapesse...

"Grazie, Lady Fitzwilliam. Siamo lieti di essere qui," mormoro.

La madre di Gabrielle si avvicina, baciandomi le guance alla moda francese. "Paola, *comment vas-tu chérie?*" I suoi occhi, di un marrone scuro penetrante, così simili a quelli di Gabrielle, sembrano perforare la mia anima.

"*Très bien, Madame.*" I convenevoli scivolano via in modo naturale, anche se il mio stomaco si contorce per l'ansia. Adoro la signora Arkin. Il suo sguardo indugia sul mio viso un attimo di troppo, le sue labbra si increspano. Sente che tra me e Martin c'è qualcosa che non va, ma la discrezione le impedisce di curiosare. Almeno per ora.

"Vieni, lascia che ti mostri le tue stanze," interviene Gabrielle, salvandomi. "Devi essere esausta per il viaggio."

La seguo grata su per l'ampia scalinata mentre Martin e le ragazze vanno a esplorare. Non appena la porta si chiude, sprofondo sul lussuoso letto a baldacchino, con la testa che mi gira. L'ambiente opulento svanisce mentre la mia mente si agita. Un leggero colpo alla porta mi spaventa. "Paola? Sei decente?" La voce di Gabrielle, attutita dalla pesante porta di quercia, è piena di preoccupazione.

"Vieni," la chiamo, raddrizzando le spalle e abbozzando un sorriso.

Lei entra, i suoi capelli scuri le cadono sulle spalle. "Va tutto bene, *chérie*? Sembravi... tesa prima."

"Sto bene, sono solo stanca per il viaggio."

• • •

Gabrielle mi studia, con la testa inclinata. "Paola... voi due avete litigato?"

Il mio sorriso vacilla e distolgo lo sguardo, ricacciando indietro le lacrime improvvise. "No, no. Sto bene... non preoccuparti per me. Questo è il tuo fine settimana."

Gabrielle si avvicina, appoggiando una mano confortante sul braccio. "*Chérie*, ce la farai, ne sono sicura. Tu e Martin siete destinati a stare insieme. Chiunque può vederlo."

Annuisco, deglutendo a fatica. "Grazie Gabri." La abbraccio forte, traendo forza da lei.

Da qualche parte all'interno della casa risuona un suono che segnala l'inizio dei festeggiamenti. "Quello sarà il gong d'annuncio," dice Gabrielle, tirandosi indietro. "La mamma ha insistito per una cena formale stasera per dare il benvenuto a tutti. Ce la fai?"

"Ovviamente." Raddrizzo le spalle, determinata a fare la mia parte. "Mi rinfresco e poi vengo, fra poco."

———

Faccio un respiro profondo, cercando di calmare i nervi mentre scendo la grande scalinata. Il suono di risate e chiacchiere arriva dal basso e mi fermo un attimo, con la mano aggrappata alla ringhiera lucida. Martin sta aspettando in fondo, elegante nel suo abito su misura. Ma c'è una distanza nei suoi occhi che prima non c'era, una freddezza che mi fa venire un brivido lungo la schiena. Mi offre il braccio e io lo prendo, forzando un sorriso.

"Sei bellissima," mormora, ma le parole sembrano vuote.

"Grazie." Liscio la seta del mio vestito, sentendo il peso di tutti gli occhi su di noi mentre entriamo nella sala da pranzo.

La tavola è apparecchiata con scintillanti argento e cristalli, e i centrotavola sono un tripudio di fiori colorati. La nonna di Tom, la viscontessa vedova, presiede all tavola, il suo sguardo acuto non tralascia nulla. "Paola, mia cara," dice, facendomi cenno di avvicinarmi. "Vieni, siediti accanto a me."

Obbedisco, grata per la tregua dalla presenza di Martin.

Dall'altra parte del tavolo, la madre di Gabrielle attira la mia attenzione, con la fronte aggrottata per la preoccupazione. "Va tutto bene, *chérie*?" chiede dolcemente, il suo accento francese conferisce una cadenza musicale alle parole.

Forzo un sorriso luminoso, sperando che raggiunga i miei occhi. "Certo, signora Arkin. Solo un po' stanca per il viaggio, tutto qui."

Lei non sembra convinta ma lascia cadere la questione, voltandosi a parlare con suo marito. Sbezzico il mio cibo.

· · ·

La serata si estende all'infinito, ogni portata più sontuosa della precedente. Quando i piatti vengono sparecchiati e gli uomini si ritirano in biblioteca per brandy e sigari, sono esausta, le guance doloranti per lo sforzo di mantenere una facciata di allegra serenità.

Faccio le mie scuse e me ne vado, cercando il conforto della nostra camera da letto. Martin chiacchiera con Tom e i suoi fratelli. Le ragazze sono nella loro stanza. Mi affondo sul bordo del letto, la testa tra le mani, e finalmente lascio che le lacrime, calde e amare, mi scendano sulla pelle.

LO SO

MARTIN

Il telefonino si illumina al buio con un messaggio in arrivo. Paola geme e si stiracchia alzandosi lentamente dal letto.

Buz, buzzzz.

Si allunga e poi si ferma. "Dai, prendilo," dico, "prendilo," Paola sembra terrorizzata.

"Ecco," e faccio cadere il telefono sul letto, "Leggilo... Non vuoi sapere cosa sta facendo il tuo amante?"

"Cosa intendi?"

"Non ha più senso fingere," la mia voce è tremante ma stranamente calma. "So cosa hai fatto." Le parole escono e non riesco a fermarle. "Ogni volta che andavi in Italia, lo sapevo che cosa facevi. Chi facevi." Il cuore mi batte forte contro la cassa toracica. La stanza gira leggermente e io cerco una mano per tenermi in equilibrio.

"Martin, io..." La sua voce si incrina.

"Non osare negarlo," mi avvicino, la mascella dolorante. "Hai idea di quanto mi abbia ucciso dentro, Paola? Pensando a cosa stavi facendo con lui? Le immagini torturando la mente? E tu hai continuato a mentirmi in faccia, come niente fosse."

Le lacrime le scendono lungo le guance. "Mi dispiace così tanto. Non avevo mai avuto intenzione di farti del male."

"Beh, mi hai ferito, mi hai fatto a pezzi." La mia voce si alza, echeggiando tra le antiche mura, le mie mani strette a pugno lungo i fianchi, le mie spalle larghe tremanti.

Paolo allunga la mano lentamente per toccarmi il braccio, ma per la prima volta sussulto come se fossi bruciato. "No, stop!" L'avverto a denti stretti. "Sto cercando con tutte le mie forze di non perdere il controllo in questo momento..."

Non posso trasformarmi in Lui. Non lo farò.

"Non sei per niente come lui," sussurra come se conoscesse i miei pensieri. Ma le parole suonano vuote. La risata di Gabrielle e Tom arriva dal cortile sottostante.

. . .

"Dimmi come risolvere questo problema,"lei implora. "Farò qualsiasi cosa. Ti amo, Martin."

Le lacrime mi rigano il viso, la rabbia finalmente sgorga. I muri di pietra sembrano chiudersi intorno a noi. La verità è finalmente venuta a galla. Lei sa che io lo so.

"Martin, io..." la sua voce si incrina, le parole le restano in gola. "Per favore, lasciami spiegare. È stato un errore, un errore terribile. Ero debole."

Non posso credere che l'abbia detto. "Un errore? Per te mesi trascorsi a mentire e a girare furtivamente sono un errore?" La mia mascella si stringe ancora un po'.

"So che non merito il tuo perdono, ma ti prego, Martin. Per favore, non arrenderti. Ti amo e farò tutto il necessario per sistemare le cose." Le sue parole sono troppo da sopportare. Non lo sa?

"Arrenderti? Che cazzo, Paola!" il dolore ora è intollerabile: "Ti amo, cazzo! Quei voti sull'altare io li credevo davvero... Nel bene e nel male... in salute e in malattia... finché morte non ci separi. Quei voti... quei voti erano non solo belle parole in una bella giornata." La mia voce è tesa: "Ero lì sicuro e ho promesso, sapendo che il cambiamento prima o poi avverrà e impegnandomi comunque a stare insieme... finché morte non ci separi."

· · ·

La testa di Paola si alza di scatto, i suoi occhi pieni di incredulità e speranza. "Mi ami, anche dopo quello che ho fatto? Perché non hai detto niente?"

"Perché non ho detto niente? Perché?" perché non l'ho fatto? "Perché aspettavo che ti fermassi. Perché volevo che tu scegliessi me, che volessi me, noi, di più." Mi avvicino. "Sei mia, cazzo, mi appartieni." Lei indossa ancora il vestito rosso attillato. Abbasso le spalline e le afferro i seni generosi, stringendole i capezzoli. "Questi sono miei!"

Allora mi guarda, mi guarda davvero, e dalle sue labbra sfugge un lungo gemito. Tiro e stringo ancora un po' prima di girarla. Le sollevo il vestito e metto la mano tra le sue cosce morbide, tirandole la biancheria intima di pizzo. "Questa figa è mia."

"Martin," trema.

La spingo contro il letto, bloccandola con il mio corpo. Posso sentire la sua eccitazione sopra il debole odore del suo profumo. Le sussurro all'orecchio: "Sei mia, Paola. Mia, mi senti?"
    "Sì, ..."

La sua biancheria intima di pizzo nero è fradicia e io la strappo prima di far scivolare le dita nel suo calore umido. "Oh, Martin," geme, inarcando la schiena e premendo i fianchi contro di me. Premo un dito nella sua apertura scivolosa, poi un altro, facendo circolare il pollice sul suo clitoride gonfio, facendola gemere e dimenarsi sotto il mio tocco. Le sue mani si aggrappano ai bordi del letto, urlando.

"Ti piace essere reclamata?" La sua risposta è un forte grido, e so che lo è. "No, no, per favore non fermarti," poi piagnucola mentre tiro fuori le dita.

"Ti scoperò tutta la notte," ringhio, e la penetro profondamente, ancora e ancora. "Di chi è questa figa?"

"Tua, t-uuuu-a…"

Le mie mani si muovono possessive su e giù per il suo corpo, afferrandole e stringendole i seni. Sento che mi sto avvicinando al limite.

"Vieni per me, tesoro." Paola urla il mio nome ancora e ancora mentre continuo a piombare la sua fregna stretta, sentendola pulsare e stringersi intorno a me. Alla fine arriva oltre il suo limite e anch'io mi lascio andare. Avrei dovuto far questo molto tempo fa.

IL GRAN GIORNO
PAOLA

La luce del mattino filtra attraverso le spesse tende, gettando una calda luce sulle lenzuola aggrovigliate. Le braccia di Martin sono ancora strette intorno a me, la sua presa rassicurante e protettiva. Mi rannicchio ancora di più nel suo abbraccio, non volendo lasciare questo rifugio sicuro.

"Buongiorno" sussurra baciandomi dolcemente i capelli.

Mi giro verso di lui, osservando il suo bel viso. L'uomo che ho sempre desiderato è sempre stato qui, al mio fianco. "Grazie," sussurro in risposta, con un sorriso che si allarga sulle mie labbra.

"Beh, so che sono bravo," ride, muovendo maliziosamente le sopracciglia. "Cazzo, più che bravo, incredibile…" scoppiammo entrambi a ridere. "Posso sempre fare un encore adesso, se vuoi." La sua voce è bassa e suggestiva, il suo pene eretto preme contro di me.

· · ·

"Mi piacerebbe," rispondo senza fiato, il mio desiderio crescendo al suo tocco. "Ma dobbiamo prepararci per il grande giorno. Le ragazze busseranno alla porta da un momento all'altro."

Martin geme scherzosamente, sapendo che i nostri doveri richiedono che ci alziamo adesso e iniziamo a prepararci. "Sì, le damigelle sono più che entusiaste del loro ruolo. E dei loro vestitini da cerimonia." Sorride, immaginando l'eccitazione e l'entusiasmo delle nostre figlie per la cerimonia imminente. Ci districhiamo gli uni dagli altri con riluttanza e iniziamo a prepararci per la giornata che ci aspetta.

La porta della camera si apre, "Mamma, papà", irrompono Emilia e Sofia, con la voce alta e piena di eccitazione. Martin e io scoppiamo a ridere, contenti di esserci fermati quando lo abbiamo fatto.

"Prima mi faccio una doccia e poi vado ad aiutare Tom a prepararsi; porterò con me i miei vestiti."

Annuisco. "Ci vediamo più tardi."

"Ci incontreremo di nuovo all'altare, signora Rossi-Wright," aggiunge.

"Signora Wright," rispondo e annuisco sorridendo.

La grandiosa tenuta è adornata con fasce di seta bianca e composizioni di fiori profumati, tutta pronta per il matrimonio. Il profumo di gelsomino e gardenie aleggia pesantemente nell'aria, mescolandosi con i deliziosi aromi che si diffondono dall'adiacente sala delle feste. Il sole splende sui giardini ben curati, riempendo la scena in una luce calda ed eterea. Gli invitati sono tutti vestiti con i loro abiti più belli, adatti all'occasione.

Sofia ed Emilia percorrono la navata, lanciando dolcemente petali di rosa. "Sembrano così felici, sono così orgogliosa". Gabrielle cammina dietro di loro al braccio di suo padre, indossando uno splendido abito color avorio con applicazioni di pizzo e un ampio strascico. Vedo i suoi occhi brillare quando vede Tom che la aspetta all'altare, alto e bello nel suo smoking. Sono al fianco di Gabrielle come sua dama d'onore mentre Martin è accanto a Tom come suo testimone, super affascinante e elegante nel suo abito.

Il profumo dei fiori freschi riempie l'aria. Il cappellano di famiglia dà inizio alla cerimonia, con voce ferma e calda. Mentre Tom inizia per primo a recitare i suoi voti, catturo lo sguardo di Martin e lo vedo pronunciare silenziosamente le parole insieme a Tom. Mi si stringe la gola: "Nella malattia e nella salute...in ricchezza e povertà...finché morte non ci separi."

Posso sentire le lacrime riempirmi gli occhi. Non posso piangere, non posso piangere...

• • •

Mentre Gabrielle prende il suo turno, muovo le mie labbra insieme a lei: "In salute e in malattia...in ricchezza e povertà...finché morte non ci separi."

Dopo la cerimonia, il corteo nuziale si sposta al sontuoso banchetto su lunghe tavolate ornate da argenterie e bicchieri di cristallo. I servitori circolano per la stanza, riempiendo i bicchieri con i migliori vini e liquori. Dopo il pasto, l'orchestra suona un valzer vivace mentre gli sposi ballano il loro primo ballo, seguito dal tradizionale ballo padre-figlia.

"Signora Wright, posso avere questo ballo?"

"Con piacere, signor Wright."

Martin mi conduce sulla pista da ballo, le sue mani salde sul mio corpo, attirandomi a sé, reclamandomi ancora una volta, baciandomi dolcemente la fronte. Sospiro nel bacio, le mie braccia gli avvolgono il collo come se temessi che scomparisse. La mano di Martin scorre su e giù per i miei fianchi mentre mi bacia lungo la mascella, sfiorando con la lingua il mio punto sensibile.

"Martin," gemo, affondando le unghie nella sua schiena.

Respira contro la mia pelle: "Ti amo, Paola", la sua voce è profonda di emozione e desiderio.

· · ·

"Ti amo anch'io, Martin." Detto questo, reclama le mie labbra. La stanza è piena di risate e respiri pesanti, ma il suono più importante di tutti è il suono dei nostri cuori che ora battono in sincronia.

EPILOGO

Din don... Din don... Din... Don.

La luce del sole filtra attraverso le vivaci vetrate colorate, irradiando un caleidoscopio di colori attraverso le antiche mura di pietra della chiesa. Gabrielle e Tom sono raggianti di orgoglio mentre cullano il loro prezioso fagotto, i loro volti risplendono dell'amore e della meraviglia di nuovi genitori. La Chiesa è piena e il dolce mormorio dei cari riuniti per celebrare l'occasione riempie l'aria.

Martin si avvicina al mio orecchio e sussurra: "Saremo noi... presto." La sua mano trova il leggero rigonfiamento della mia pancia, un segreto che dobbiamo ancora condividere con il mondo. Lancio un'occhiata a Martin, osservando l'atteggiamento forte e virile delle sue spalle e gli stringo la mano, il cuore pieno di amore e gratitudine. Il mio uomo. Mio marito.

· · ·

Il sacerdote inizia la cerimonia. Gabrielle e Tom si avvicinano al fonte battesimale con la figlia appena nata in braccio.

Poi ci chiama avanti: "Paola, Martin, siete pronti ad aiutare i genitori di questo bambina nel loro dovere di genitori cristiani?" Snif, snif. La madre di Gabri singhiozza di gioia.

"Sì," rispondiamo in unisono, le nostre voci forti e chiare.

"È tua volontà che Anne Shobhan Vitale Fitzwilliam venga battezzata nella fede della Chiesa, che noi tutti abbiamo professato con te?"

" Lo è."

"Anne Shobhan, io ti battezzo nel nome del Padre", dice il sacerdote versandole l'acqua sulla fronte, "e del Figlio", versando l'acqua su di lei una seconda volta, "e dello Spirito Santo".

Mentre usciamo dalla chiesa, Martin mi stringe a sé, le sue labbra mi sfiorano la tempia e la sua mano è possessivamente ferma sulla mia schiena. Alzo il viso verso il suo e ricambio il bacio. Un sorriso infantile si allarga sul suo viso. "Come ti senti, amore?" mormora, il suo respiro caldo contro il mio orecchio, e mi attira nel suo forte abbraccio, la sua mano appoggiata in modo protettivo sul dolce rigonfiamento della mia pancia. Sento un'ondata di desiderio.

· · ·

"Perfetta," sussurro in risposta, appoggiandomi al suo tocco. "Tutto è assolutamente perfetto."

"Il matrimonio è la scuola dell'amore dove il cambiamento è inevitabile. Puoi scegliere se crescere insieme o separatamente.

- Fr. Mike Schmitz

(Omelia di domenica 29 ottobre 2021)

OTTIENI IL TUO EBOOK GRATUITO

Iscriviti alla mailing list di Laura (L.A.) Mariani per una storia d'amore bollente GRATUITA.

Sarai il primo a conoscere le nuove uscite, le offerte esclusive, i contenuti bonus e tutte le novità di Laura. Puoi anche risponderle via email. Adora chiacchierare con i suoi lettori!

Per richiedere il tuo ebook gratuito:
https://laura-mariani-author.ck.page/freeshortstory

NOTA DALL'AUTRICE

Grazie mille per aver letter **Le Nove Vite di Gabrielle e Il Suo Piccolo Segreto.**

Spero che le avventure di Gabrielle e Paola vi siano piaciute come una forma di evasione, ma forse avete anche intravisto qualcos'altro mentre leggevate. Una recensione sarebbe molto apprezzata in quanto aiuta altri lettori a scoprire la storia.

Ancora grazie.

Luoghi nel libro

Ho ambientato la storia in luoghi reali a Londra, la mia amata Islington, New York, Parigi e Milano.

Puoi scoprire di più su di loro o forse anche visitarli:

Londra

- Balthazar, London
- Belgravia

- British Gand Prix/Silverstone
- Camden Passage
- Canonbury Square and Gardens
- Covent Garden
- <u>Highbury & Islington</u>
- Islington Farmers Market
- Le Boudin Blanc
- London Borough of Richmond
- NoMad London
- One New Change
- Royal Opera House, London
- Salut
- St Paul's Cathedral
- <u>The Alwyne Castle</u>
- The Estorick Collection of Modern Art
- The Mandarin Oriental Hotel
- The Twenty Two
- Trullo.
- 2 Veneti
- Wimbledon - The Championship

Milano

- Galleria Vittorio Emanuele II
- Savini

New York

- Balthazar, New York
- Blue Bottle Coffee
- Central Park
- Empire State Building
- Magnolia Bakery
- NYC West Village
- Rockefeller Center

- The Langham, New York, Fifth Avenue
- The Metropolitan Opera, New York
- The New York Public Library
- The Shinnecock Golf Club
- The Statue of Liberty
- Times Square
- TownePlace Suites, Manhattan / Times Square

Parigi

- <u>Bois de Vincennes</u>
- <u>Bois de Boulogne,</u>
- <u>Buttes-Chaumont</u>
- Cinema en Plein Air festival
- Eurostar
- Gare du Nord
- Jardin du Luxembourg
- <u>Jardins des Plantes</u>
- Le Metro
- Parc Rives de Seine
- Paris Plages
- Parc Floral
- <u>Parc de la Villette</u> <u>Palais-Royal</u>
- Parc Monceau
- Parc Montsouris
- TGV (train à grande vitesse)
- Tour Eiffel
- Tour Montparnasse

Bibliografia

Ho letto molti libri come parte della mia ricerca. Alcuni di loro insieme ad altri riferimenti includono:

A Theory of Human Motivation - **Abraham Maslow**

Psycho-Cybernetics - **Maxwell Maltz**
Self Mastery Through Conscious Autosuggestion - **Émile Coué**
The Artist Way - **Julia Cameron**.
The Complete Reader - **Neville Goddard**, compiled and edited
by **David Allen**
Tools of Titans - **Tim Ferris**

Un Amore Splendido è un film romantico americano del
1957 diretto da Leo McCarey e interpretato da Cary
Grant e Deborah Kerr. È la storia di due persone innamorate che
accettano di riunirsi in cima all'Empire State Building dopo sei
mesi se riescono a finire le loro attuali relazioni e ad iniziare una
nuova carriera.
Il giorno dell'appuntamento però la donna viene investita da
un'auto mentre attraversava una strada e si affrettava a
raggiungere il luogo dell'incontro e rimane gravemente ferita.
Nel frattempo, lui la stava aspettando ignaro dell'incidente.
Dopo molte ore di attesa, se ne va credendo che lei lo abbia
rifiutato.
Si riuniscono, ovviamente, alla fine del film.

.

Law and Order : Criminal Intent - Serie televisiva poliziesca
americana, terza nella franchise Law and Order di Dick Wolf. Il
detective Robert Goren è uno dei principali personaggi originali
interpretati dall'attore Vincent D'Onofrio, una figura moderna,
tormentata ma brillante, simile a quella di Sherlock Holmes.

Madama Butterfly - un'opera in tre atti di Giacomo Puccini, con
un libretto italiano di Luigi Illica e Giuseppe Giacosa, presentato
in anteprima a La Scala, a Milano nel 1904.

Midsummer Murders - Serie televisiva drammatica britannica
adattata dai romanzi della serie di libri dell'ispettore capo

Barnaby (creata da Caroline Graham). La serie si concentra su vari casi di omicidio che si svolgono all'interno di piccoli villaggi di campagna nell'immaginaria contea inglese di Midsomer.

Keeping up Apperances - Sitcom britannica con Patricia Routledge nei panni dell'eccentrica snob Hyacinth Bucket. Ha trasmesso dal 1990 al 1995.

The Vicar of Dibley - Sitcom britannica con protagonista Dawn French nei panni del vicario della parrocchia rurale di Dibley, ha debuttato nel 1994.

SULL'AUTRICE

Laura Alexandra (L.A.) Mariani è l'autrice di Storia d'Amore Brevi e Appassionanti |Dove i Maschi Alfa incontrano Eroine Feroci Per Finale Dolci, la tua autrice di riferimento per accattivanti storie d'amore che ti travolgeranno e ti terranno in suspense.

Quando Laura non intreccia storie d'amore, desiderio e suspense, la puoi trovare esplorando le vivaci strade di Londra, traendo ispirazione dai suoi angoli nascosti e dai vivaci mercati, o passeggiando per le affascinanti strade di Parigi, assaporando lo street food a Roma, o rilassarsi su una spiaggia baciata dal sole a Bali, i suoi viaggi alimentano la sua creatività e infondono le sue storie con voglia di viaggiare.

Puoi anche seguirla su

𝕏 x.com / PeopleAlchemist
⊙ instagram.com / lauramariani_author

Printed in Great Britain
by Amazon